MY FIRST KOREAN ALPHABET

똑똑

Knock-Knock **KOREAN**

한국어

한글파크

초판인쇄	2023년 1월 23일
초판발행	2023년 2월 1일
저자	김은정
편집	양승주, 권이준, 김아영
펴낸이	엄태상
디자인	김지연
조판	이서영
콘텐츠 제작	김선웅, 장형진
마케팅본부	이승욱, 왕성석, 노원준, 조성민, 이선민
경영기획	조성근, 최성훈, 정다운, 김다미, 최수진, 오희연
물류	정종진, 윤덕현, 신승진, 구윤주
펴낸곳	한글파크
주소	서울시 종로구 자하문로 300 시사빌딩
주문 및 문의	1588-1582
팩스	0502-989-9592
홈페이지	http://www.sisabooks.com
이메일	book_korean@sisadream.com
등록일자	2000년 8월 17일
등록번호	제300-2014-90호

ISBN 979-11-6734-037-5 (13710)

한국어 공부를 시작하는 여러분, 안녕하세요?

　여러분의 한국어 배우기 여정의 첫걸음을 함께하게 되어 매우 기쁩니다. 각자 다른 곳에서 저마다의 이유로 이 책을 펼치셨을 것이라고 생각합니다. 그 동기가 어떻게 되든 새로운 무언가를 배우는 것은 늘 설레는 일일 것입니다. 여러분의 그러한 설렘이 꺾이지 않도록 돕고자 이 책을 썼습니다.

　자모를 듣고 구별하는 것, 정확하게 발음하고 읽는 것, 올바른 순서와 형태로 쓰는 것은 언어 습득의 든든한 기초가 됩니다. 한글 자모 학습은 원활한 한국어 의사소통을 위해 꼭 필요한 단계이지요. 그러나 언어마다 자음 및 모음 체계가 다르기에 이를 듣거나 발음하는 데에 어려움을 겪을 수밖에 없습니다. 또한, 한 글자가 하나의 음절을 구성하는 한글의 형태가 많은 학습자들에게 익숙하지 않아 이를 바르게 읽고 쓰는 것도 쉽지 않을 수 있습니다.

　이에 이 책은 이제 막 한국어를 배우기 시작하는, 혹은 더 정확한 한국어 발음을 구사하고자 하는 모든 학습자를 위해 쉬우면서도 체계적으로 한글 자모를 익힐 수 있도록 구성되었습니다. 이 책은 모음 3과, 자음 3과, 받침 3과 이렇게 총 9개의 과로 구성되어 있습니다. 이때, 자모는 어문규범의 순서가 아닌 조음 방법 및 조음 위치 등을 고려한 순서로 제시하여 학습자들이 인지적으로 더 쉽게 습득할 수 있도록 하였습니다. 각 과는 목표 음운의 발음을 학습하고 듣고 구별하는 연습을 충분히 할 수 있는 PART 1, 바르게 쓰는 방법과 목표 음운이 포함된 어휘를 학습하고 연습해 보는 PART 2로 나누고, 배운 것을 바탕으로 개인 활동 및 팀 활동을 해 볼 수 있는 PART 3으로 구성됩니다. 그 외에도 활동에 필요한 활동지가 다채롭게 책 속에 준비되어 있어 즐겁게 한글 자모를 배울 수 있습니다.

　아울러, 각 자모 및 받침 발음을 상세히 안내하는 입 모양 영상과 자모 획순과 글자 형태를 안내하는 손 글씨 영상, 학습자들이 특별히 혼동하거나 어려워하는 자모 발음에 대해 알려주는 수업 영상이 과마다 준비되어 있습니다. 그리고 배운 것을 충분히 써 볼 수 있는 쓰기 연습장도 제공됩니다. 풍성한 시청각 멀티미디어 자료를 통해 한국어 독학자들도 이 책 한 권만으로 충분히 한글 자모를 습득할 수 있도록 하였습니다.

　이 책의 마지막 과를 마칠 때까지, 더 나아가 여러분이 한국어로 자유롭게 의사소통을 하게 되는 바로 그날까지, 지금 이 첫 장을 펼치게 된 그 마음과 설렘을 기억하실 수 있기를 바랍니다. 더불어 이 책이 한국어 교육 현장에서 자모 수업을 위해 늘 부교재 혹은 수업 자료를 손수 만들어 준비하시는 한국어 선생님들의 수고도 십분 덜어 드릴 수 있기를 소망합니다.

2023년 흰 눈이 소복이 쌓인 날
저자 김은정 올림

목차 Table of Contents

학습 목표 Learning objectives

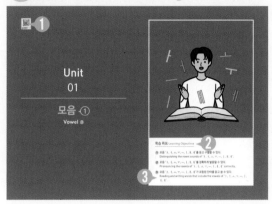

❶ 각 과의 주요 내용을 담은 영상을 제공하고 있습니다.

❷ 해당 과의 학습 목표를 제시하였습니다.

❸ 한국어 입문자를 위해 모든 내용은 영문이 병기되었습니다.

❶ 해당 자모를 발음하는 입 모양과 발음 방법에 대한 상세한 내용이 담긴 영상을 제공하고 있습니다.

❷ 학습자의 이해를 돕고자 자모를 발음할 때의 입 모양 혹은 개구도를 그림으로 제시하였습니다.

❸ <학습>의 글자 및 어휘는 학습자가 그 발음을 듣고 따라 할 수 있도록 MP3 파일을 제공하고 있습니다.

학습 Learning

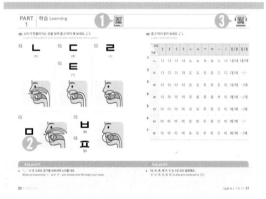

❹ 자모 쓰기의 올바른 획순을 제시하여 이에 따라 연습할 수 있으며, 손 글씨 영상을 제공하고 있습니다.

❺ 학습자의 직관적인 이해를 돕고자 모든 어휘는 그림과 함께 제시하였습니다.

❻ 발음 혹은 쓰기에서 주의할 점은 Key point를 통해 안내하였습니다.

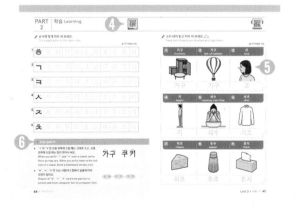

일러두기  How to use this book

연습 Exercise

❶ 학습 내용을 점검할 수 있도록 학습에서 배운 내용을 바탕으로 다양한 유형의 연습 문제를 구성하였습니다.

❷ 모든 듣기 문항은 MP3 파일로 제공됩니다.

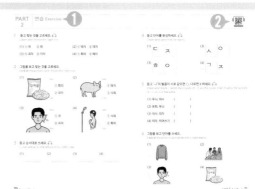

활동 Activities / 자기 평가 Self-evaluation

❶ 다양한 개인 활동 및 팀 활동을 할 수 있도록 구성하였습니다.

❷ 학습자가 해당 과의 학습 목표를 잘 성취하였는지 스스로 확인할 수 있게 하였습니다.

❸ 활동에 필요한 활동지를 부록으로 만들어 제시하였습니다.

부록 Appendices

❶ 각 과의 듣기 지문과 듣기 오디오 파일 번호를 제공하여 바로 확인이 가능하도록 하였습니다.

❷ 각 과의 정답을 확인할 수 있습니다.

쓰기 연습장 Writing Practice Sheets

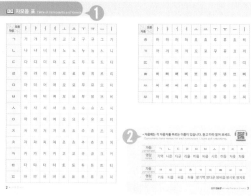

❶ 자음과 모음의 조합을 한 눈에 볼 수 있도록 표로 구성하였습니다.

❷ 자음의 이름을 MP3 파일로 듣고 따라할 수 있도록 하였습니다.

❸ 각 과의 글자나 어휘를 모아 학습자들이 충분히 쓰기 연습을 할 수 있도록 하였습니다.

1과 모음 ① Vowel ①			
이오			
아이			
오이			
아우			
우애			

2과 모음 ① Vowel ①			
아야			
여우			
요요			
우유			
여유			
이유			

영상 및 MP3 파일 Video & MP3 files

학습자가 학습하면서 강의 영상, 발음 영상, 손 글씨 영상, MP3 파일을 바로 확인할 수 있도록 QR코드를 제공하고 있습니다.

강의 영상　발음 영상　손 글씨 영상　MP3 파일

단원 구성표 Scope and Sequence

단원 Unit	PART 1	
	학습 Learning	연습 Exercise
1과 모음 ① Vowel ❶	모음 'ㅏ, ㅓ, ㅗ, ㅜ, ㅡ, ㅣ, ㅐ, ㅔ' 듣고 발음하기	모음 'ㅏ, ㅓ, ㅗ, ㅜ, ㅡ, ㅣ, ㅐ, ㅔ' 듣고 구별하기
2과 모음 ② Vowel ❷	모음 'ㅑ, ㅕ, ㅛ, ㅠ, ㅒ, ㅖ' 듣고 발음하기	모음 'ㅑ, ㅕ, ㅛ, ㅠ, ㅒ, ㅖ' 듣고 구별하기
3과 자음 ① Consonant ❶	자음 'ㅎ, ㄱ, ㅋ, ㅅ, ㅈ, ㅊ' 듣고 발음하기	자음 'ㅎ, ㄱ, ㅋ, ㅅ, ㅈ, ㅊ' 듣고 구별하기
4과 자음 ② Consonant ❷	자음 'ㄴ, ㄷ, ㅌ, ㄹ, ㅁ, ㅂ, ㅍ' 듣고 발음하기	자음 'ㄴ, ㄷ, ㅌ, ㄹ, ㅁ, ㅂ, ㅍ' 듣고 구별하기
5과 모음 ③ Vowel ❸	모음 'ㅘ, ㅝ, ㅞ, ㅙ, ㅚ, ㅟ, ㅢ' 듣고 발음하기	모음 'ㅘ, ㅝ, ㅞ, ㅙ, ㅚ, ㅟ, ㅢ' 듣고 구별하기
6과 자음 ③ Consonant ❸	자음 'ㄲ, ㄸ, ㅃ, ㅆ, ㅉ' 듣고 발음하기	자음 'ㄲ, ㄸ, ㅃ, ㅆ, ㅉ' 듣고 구별하기
7과 받침 ① Final Consonant ❶	받침 'ㅇ', 'ㄱ, ㅋ, ㄲ', 'ㅁ', 'ㅂ, ㅍ' 듣고 발음하기	받침 'ㅇ', 'ㄱ, ㅋ, ㄲ', 'ㅁ', 'ㅂ, ㅍ' 듣고 구별하기
8과 받침 ② Final Consonant ❷	받침 'ㄴ', 'ㄷ, ㅅ, ㅆ, ㅈ, ㅊ, ㅌ, ㅎ', 'ㄹ' 듣고 발음하기	받침 'ㄴ', 'ㄷ, ㅅ, ㅆ, ㅈ, ㅊ, ㅌ, ㅎ', 'ㄹ' 듣고 구별하기
9과 받침 ③ Final Consonant ❸	받침 'ㄺ, ㄵ, ㄶ, ㄼ, ㄾ, ㅀ, ㄻ, ㅄ' 관련 어휘 읽고 쓰기	받침 'ㄺ, ㄵ, ㄶ, ㄼ, ㄾ, ㅀ, ㄻ, ㅄ' 관련 어휘 연습하기

PART 2		PART 3
학습 Learning	연습 Exercise	활동 Activities
모음 'ㅏ, ㅓ, ㅗ, ㅜ, ㅡ, ㅣ, ㅐ, ㅔ' 획순에 따라 쓰기 및 관련 어휘 읽고 쓰기	모음 'ㅏ, ㅓ, ㅗ, ㅜ, ㅡ, ㅣ, ㅐ, ㅔ' 관련 어휘 연습하기	• 글자 카드로 단어 만들기 • 친구와 모음 빙고하기
모음 'ㅑ, ㅕ, ㅛ, ㅠ, ㅒ, ㅖ' 획순에 따라 쓰기 및 관련 어휘 읽고 쓰기	모음 'ㅑ, ㅕ, ㅛ, ㅠ, ㅒ, ㅖ' 관련 어휘 연습하기	• 빈칸에 알맞은 글자 카드 놓기 • 친구와 모음 바꾸어 말하기
자음 'ㅎ, ㄱ, ㅋ, ㅅ, ㅈ, ㅊ' 획순에 따라 쓰기 및 관련 어휘 읽고 쓰기	자음 'ㅎ, ㄱ, ㅋ, ㅅ, ㅈ, ㅊ' 관련 어휘 연습하기	• 다양한 모양의 자음자 찾기 • 친구와 자모 카드로 단어 만들기
자음 'ㄴ, ㄷ, ㅌ, ㄹ, ㅁ, ㅂ, ㅍ' 획순에 따라 쓰기 및 관련 어휘 읽고 쓰기	자음 'ㄴ, ㄷ, ㅌ, ㄹ, ㅁ, ㅂ, ㅍ' 관련 어휘 연습하기	• 자모 카드로 단어 만들기 • 친구에게 음식 주문하기
모음 'ㅘ, ㅝ, ㅞ, ㅙ, ㅚ, ㅟ, ㅢ' 획순에 따라 쓰기 및 관련 어휘 읽고 쓰기	모음 'ㅘ, ㅝ, ㅞ, ㅙ, ㅚ, ㅟ, ㅢ' 관련 어휘 연습하기	• 단어를 따라 길 찾기 • 친구와 자모 카드로 단어 만들기
자음 'ㄲ, ㄸ, ㅃ, ㅆ, ㅉ' 획순에 따라 쓰기 및 관련 어휘 읽고 쓰기	자음 'ㄲ, ㄸ, ㅃ, ㅆ, ㅉ' 관련 어휘 연습하기	• 그림 카드에 따라 여행지 찾아가기 • 친구와 같은 글자 찾기
받침 'ㅇ', 'ㄱ, ㅋ, ㄲ', 'ㅁ', 'ㅂ, ㅍ' 쓰기 및 관련 어휘 읽고 쓰기	받침 'ㅇ', 'ㄱ, ㅋ, ㄲ', 'ㅁ', 'ㅂ, ㅍ' 관련 어휘 연습하기	• 자음 카드를 받침 자리에 넣어 글자 만들기 • 친구에게 단어 전달하기
받침 'ㄴ', 'ㄷ, ㅅ, ㅆ, ㅈ, ㅊ, ㅌ, ㅎ', 'ㄹ' 쓰기 및 관련 어휘 읽고 쓰기	받침 'ㄴ', 'ㄷ, ㅅ, ㅆ, ㅈ, ㅊ, ㅌ, ㅎ', 'ㄹ' 관련 어휘 연습하기	• 이름표 만들기 • 친구와 글자 빙고하기
받침의 연음 규칙에 따라 어휘 읽기	받침의 연음 규칙 관련 어휘 및 문장 연습하기	• 자음 카드를 겹받침 자리에 넣어 단어 완성하기 • 친구와 어휘 번갈아 읽기

한글 Hangeul, Korean Alphabet

Hangeul (한글), Korean unique alphabet, was created by King Sejong (세종대왕) in 1443. It was then called Hunminjeongeum (훈민정음), or "proper phonetic system to educate the people." It is for the people who were having difficulty using Chinese characters at the time that King Sejong created the phonogram Hangeul, the alphabetic system for writing Korean sounds.

Hunminjeongeum Haerye (훈민정음해례본), or "Explanations and Examples of the Proper Sounds for the Instruction of the People," is the book written by King Sejong and scholars of the time. It includes the purpose of creating Hangeul, the explanations of the design of the letters and the combination of the letters, and the examples of the uses of the letters. Hunminjeongeum Haerye is Korea's National Treasure No. 70 and is registered as World Heritage by the UNESCO. On October 9, Korea celebrates Hangeul Proclamation Day (한글날) as a national and public holiday to commemorate the publication of Hunminjeongeum Haerye.

훈민정음해례본(1446)
Hunminjeongeum Haerye

세종대왕
Sculpture of King Sejong

한글 자모 The Korean Alphabet

자음 Consonant

The basic consonant letters of 'ㄱ, ㄴ, ㅁ, ㅅ, ㅇ' in Hunminjeongeum (Hangeul) were modeled after the speech organs and the rest of them were made adding a stroke to basic consonants.

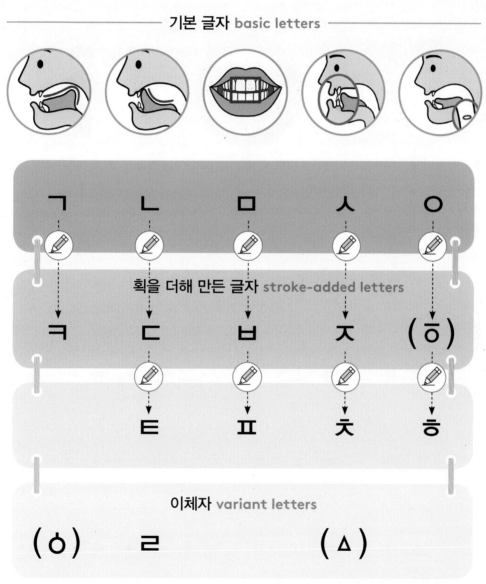

── 기본 글자 basic letters ──

| ㄱ | ㄴ | ㅁ | ㅅ | ㅇ |

획을 더해 만든 글자 stroke-added letters

| ㅋ | ㄷ | ㅂ | ㅈ | (ㆆ) |

| ㅌ | ㅍ | ㅊ | ㅎ |

이체자 variant letters

| (ㆁ) | ㄹ | (ㅿ) |

※ 'ㆆ, ㆁ, ㅿ' are not currently in use

한글 자모 The Korean Alphabet

모음 Vowel

The basic vowel letters of ' · , ㅡ, ㅣ' in Hunminjeongeum (Hangeul) were modeled after heaven, earth and man, which were then considered as the most important factors of the universe. The rest of them were made combining the basic vowel letters.

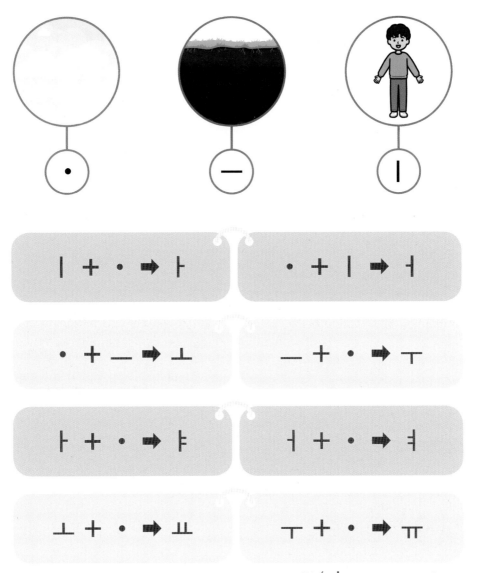

※ ' · ' are not currently in use

음절 구조 Syllable Structure

음절 Syllable

Consonant and vowel letters consist of initial, medial and final sounds. The syllables of Hangeul can be composed of vowel, consonant-vowel, vowel-consonant, consonant-vowel-consonant. Instead of being written sequentially, Hangeul letters are grouped into blocks.

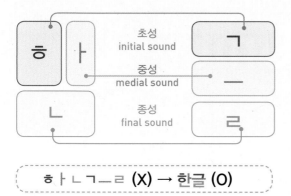

ㅎ ㅏ ㄴ ㄱ ㅡ ㄹ (X) → 한글 (O)

음절 구조 Syllable Structure	예시 Example
V	아이, 오이, 우유
CV	가구, 노래, 두부
VC	양, 음악, 잎
CVC	닭, 빵, 신문

(V= Vowel, C=Consonant)

활동 Activity

The following is the smartphone Hangeul keypad using the principles of Hunminjeongeum. Write the letters as shown in Example.

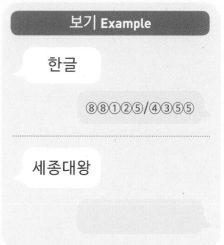

보기 **Example**

한글

⑧⑧①②⑤/④③⑤⑤

세종대왕

정답 Answer : ⑧②①①⑨②③⑥/①②⑨③⑤②⑩/⑦②③①②⑩

13

Unit
01

모음 ①
Vowel ①

학습 목표 Learning Objectives

1 모음 'ㅏ, ㅓ, ㅗ, ㅜ, ㅡ, ㅣ, ㅐ, ㅔ'를 듣고 구별할 수 있다.
Distinguishing the vowel sounds of 'ㅏ, ㅓ, ㅗ, ㅜ, ㅡ, ㅣ, ㅐ, ㅔ'.

2 모음 'ㅏ, ㅓ, ㅗ, ㅜ, ㅡ, ㅣ, ㅐ, ㅔ'를 정확하게 발음할 수 있다.
Pronouncing the vowels of 'ㅏ, ㅓ, ㅗ, ㅜ, ㅡ, ㅣ, ㅐ, ㅔ' correctly.

3 모음 'ㅏ, ㅓ, ㅗ, ㅜ, ㅡ, ㅣ, ㅐ, ㅔ'가 포함된 단어를 읽고 쓸 수 있다.
Reading and writing words that include the vowels of 'ㅏ, ㅓ, ㅗ, ㅜ, ㅡ, ㅣ, ㅐ, ㅔ'.

🫦 입 모양을 보며 듣고 따라 해 보세요. 🎧 1-0
Look at the mouth shapes and repeat after the sounds.

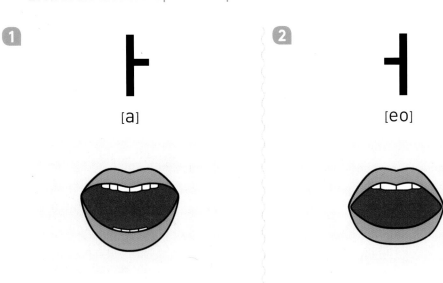

① ㅏ [a]

② ㅓ [eo]

③ ㅗ [o]

④ ㅜ [u]

◖ key point

● 'ㅏ, ㅓ, ㅗ, ㅜ, ㅡ, ㅣ, ㅐ, ㅔ'를 발음할 때, 입의 모양과 혀의 위치를 그대로 유지해요.
  When pronouncing 'ㅏ, ㅓ, ㅗ, ㅜ, ㅡ, ㅣ, ㅐ, ㅔ' hold still your mouth shape and
  position of your tongue.

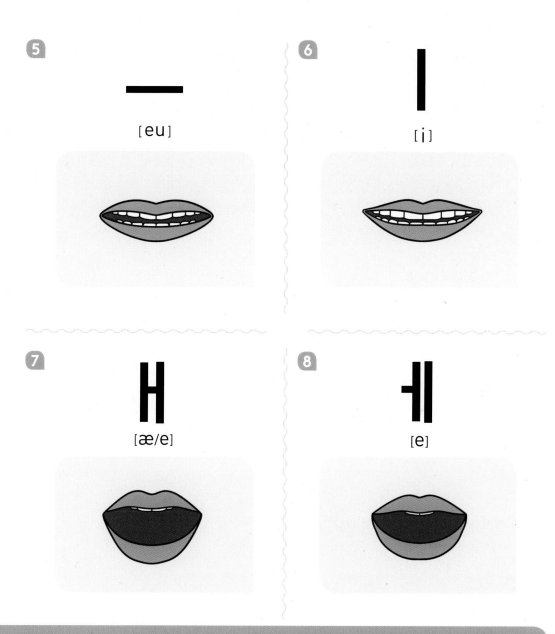

5
―
[eu]

6
ㅣ
[i]

7
ㅐ
[æ/e]

8
ㅔ
[e]

◖ key point

● 'ㅐ'와 'ㅔ'의 발음은 예전에는 구별되었지만, 현재는 비슷하게 발음해요.
'ㅐ' and 'ㅔ' used to be pronounced differently, but nowadays they are pronounced similarly.

PART 1 │ 연습 Exercise

1 듣고 맞는 것을 찾아 순서대로 점을 이으세요. 🎧 1-1
Listen and find the right one, then connect the points one after another.

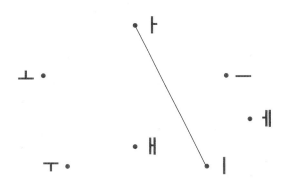

2 듣고 맞는 것을 고르세요. 🎧 1-2
Listen and choose the right one.

(1) ① ㅓ   ② ㅗ   (2) ① ㅡ   ② ㅣ

(3) ① ㅗ   ② ㅜ   (4) ① ㅔ   ② ㅏ

3 듣고 맞는 것을 찾아 ✅ 하세요. 🎧 1-3
Listen and check the correct answer on each question.

(1) ☐ ㅏ   ☐ ㅗ   ☐ ㅐ

(2) ☐ ㅓ   ☐ ㅗ   ☐ ㅜ

(3) ☐ ㅜ   ☐ ㅡ   ☐ ㅣ

(4) ☐ ㅏ   ☐ ㅓ   ☐ ㅔ

4 듣고 순서대로 번호를 쓰세요. 🎧 1-4

Listen and write in the number in the right order.

ㅏ	(1) ㅓ	(2) ㅗ	(3) ㅜ	(4) ―	(5) ㅣ	(6) ㅐ / ㅔ
①						

5 듣고 맞으면 ○, 틀리면 X 하세요. 🎧 1-5

Listen and mark ○ for the right answer and X for the wrong answer.

(1) ㅗ   (   )

(2) ㅐ   (   )

(3) ㅜ, ㅏ   (   )

(4) ㅣ, ㅓ   (   )

6 듣고 맞는 것을 고르세요. 🎧 1-6

Listen and choose the right one.

(1) ① ㅏ, ㅣ   ② ㅗ, ㅣ

(2) ① ㅜ, ―   ② ㅜ, ㅣ

(3) ① ㅗ, ㅔ   ② ㅓ, ㅔ

(4) ① ―, ㅏ   ② ―, ㅓ

│ 학습 Learning

✏️ 순서에 맞게 따라 써 보세요.
Trace each letter in the right order.

1	아	아					
2	어	어					
3	오	오					
4	우	우					
5	으	으					
6	이	이					
7	애	애					
8	에	에					

‹ key point

- 모음을 쓸 때는 소리가 나지 않는 'ㅇ'과 함께 써요.
  When writing a vowel letter, add the silent 'ㅇ' to it.

- 한글은 기본적으로 왼쪽에서 오른쪽으로, 위에서 아래로 써요.
  Hangeul is basically written from left to right and from top to bottom.

- 'ㅏ, ㅓ, ㅣ, ㅐ, ㅔ'는 'ㅇ' 오른쪽에, 'ㅗ, ㅜ, ㅡ'는 'ㅇ' 아래쪽에 써요.
  'ㅏ, ㅓ, ㅣ, ㅐ, ㅔ' are written on the right side of 'ㅇ' and 'ㅗ, ㅜ, ㅡ' are written below 'ㅇ'.

✎ 소리 내어 읽고 따라 써 보세요. 🎧 1-7
Read the following words aloud and copy them.

✎ 쓰기 연습장 04p

| 1 이 tooth | 2 오 five |
| 이 | 오 |

| 3 아이 child | 4 오이 cucumber |
| 아이 | 오이 |

| 5 아우 little brother | 6 우애 brotherly/sisterly affection |
| 아우 | 우애 |

| 연습 Exercise

1 듣고 맞는 것을 고르세요. 🎧 1-8
Listen and choose the right one.

(1) ① 이　② 오　　　　(2) ① 아이　② 아우

(3) ① 오이　② 아이　　　(4) ① 우애　② 아우

2 그림을 보고 맞는 것을 고르세요.
Look at the pictures and choose the right one.

(1)

5
① 이
② 오

(2)

① 오이
② 아이

(3)

① 아우
② 아이

(4)

① 아우
② 우애

3 듣고 순서대로 쓰세요. 🎧 1-9
Listen and write the letters in the right order.

(1) ＿＿＿＿＿　(2) ＿＿＿＿＿　(3) ＿＿＿＿＿　(4) ＿＿＿＿＿

4 듣고 단어를 완성하세요. 🎧 1-10
Listen and complete the words.

(1) ○

(2)

(3)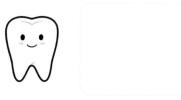

(4)

5 그림을 보고 단어를 쓰세요.
Look at the pictures and write in the right words.

(1)

(2)

(3)

(4)

1 글자 카드로 보기의 단어를 만들어 보세요. 활동지 01p
Make words of Example with flashcards.

활동 방법 Activity Guide

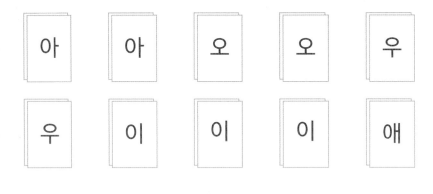

보기 Example
이 오 아이
오이 아우 우애

2 친구와 보기 의 모음을 사용해 빙고를 해 보세요.
Play BINGO with your friends using the vowels of Example.

활동 방법 Activity Guide

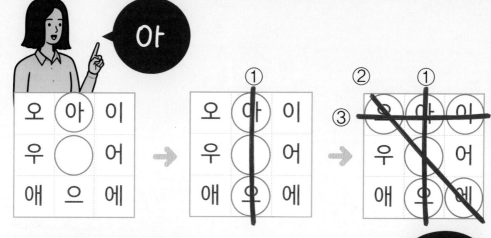

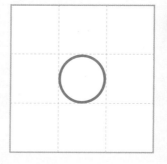

보기 Example

| 아 | 어 | 오 | 우 |
| 으 | 이 | 애 | 에 |

자기 평가 Self-evaluation

✅ 모음 'ㅏ, ㅓ, ㅗ, ㅜ, ㅡ, ㅣ, ㅐ, ㅔ'를 듣고 구별할 수 있다.　　1 | 2 | 3 | 4 | 5
I can distinguish the vowel sounds of 'ㅏ, ㅓ, ㅗ, ㅜ, ㅡ, ㅣ, ㅐ, ㅔ'.

✅ 모음 'ㅏ, ㅓ, ㅗ, ㅜ, ㅡ, ㅣ, ㅐ, ㅔ'를 정확하게 발음할 수 있다.　　1 | 2 | 3 | 4 | 5
I can pronounce the vowels of 'ㅏ, ㅓ, ㅗ, ㅜ, ㅡ, ㅣ, ㅐ, ㅔ' correctly.

✅ 모음 'ㅏ, ㅓ, ㅗ, ㅜ, ㅡ, ㅣ, ㅐ, ㅔ'가 포함된 단어를 읽고 쓸 수 있다.　　1 | 2 | 3 | 4 | 5
I can read and write words that include the vowels of 'ㅏ, ㅓ, ㅗ, ㅜ, ㅡ, ㅣ, ㅐ, ㅔ'.

Unit
02

모음 ②
Vowel ②

학습 목표 Learning Objectives

1 모음 'ㅑ, ㅕ, ㅛ, ㅠ, ㅒ, ㅖ'를 듣고 구별할 수 있다.
Distinguishing the vowel sounds of 'ㅑ, ㅕ, ㅛ, ㅠ, ㅒ, ㅖ'.

2 모음 'ㅑ, ㅕ, ㅛ, ㅠ, ㅒ, ㅖ'를 정확하게 발음할 수 있다.
Pronouncing the vowels of 'ㅑ, ㅕ, ㅛ, ㅠ, ㅒ, ㅖ' correctly.

3 모음 'ㅑ, ㅕ, ㅛ, ㅠ, ㅒ, ㅖ'가 포함된 단어를 읽고 쓸 수 있다.
Reading and writing words that include the vowels of 'ㅑ, ㅕ, ㅛ, ㅠ, ㅒ, ㅖ'.

👄 입 모양을 보며 듣고 따라 해 보세요. 🎧2-0
Look at the mouth shapes and repeat after the sounds.

1

ㅑ
[ya]
[ㅣ]+[ㅏ]   [ㅣ]   [ㅏ]

2

ㅕ
[yeo]
[ㅣ]+[ㅓ]   [ㅣ]   [ㅓ]

3

ㅛ
[yo]
[ㅣ]+[ㅗ]   [ㅣ]   [ㅗ]

(key point

- '㣄, ㅕ, ㅛ, ㅠ, ㅒ, ㅖ'를 발음할 때, 입의 모양과 혀의 위치가 바뀌어요.
  You make the vowel sounds of 'ㅑ, ㅕ, ㅛ, ㅠ, ㅒ, ㅖ' by changing your mouth shape and position of your tongue.

- 처음 입 모양인 [ㅣ]에서 다음 입 모양으로 빠르게 미끄러지듯이 바꾸며 발음해요.
  [ㅣ] 발음은 짧고 약하게 발음해요.
  You change your mouth shape and position of your tongue swiftly and smoothly from the initial mouth shape [ㅣ] to the next mouth shape. [ㅣ] sound is short and weak.

4

ㅠ

[yu]

[ㅣ] + [ㅜ]

5

ㅒ

[yæ/ye]

[ㅣ] + [ㅐ]

6

ㅖ

[ye]

[ㅣ] + [ㅔ]

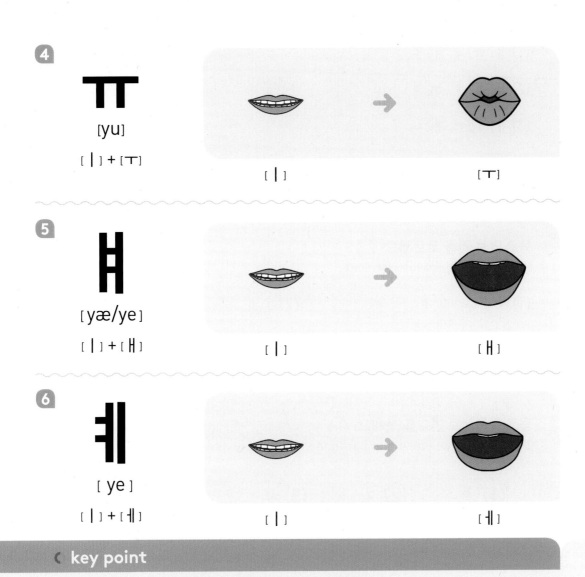

[ㅣ]   [ㅜ]

[ㅣ]   [ㅐ]

[ㅣ]   [ㅔ]

〈 key point

- 'ㅒ'와 'ㅖ'는 'ㅐ'와 'ㅔ'처럼 구별하지 않고 비슷하게 발음해요.
  'ㅒ' and 'ㅖ' are pronounced similarly as 'ㅐ' and 'ㅔ'.

PART 1 | 연습 Exercise

1 듣고 따라 읽으세요. 🎧 2-1
Listen and repeat.

(1) ㅐ, ㅠ, ㅛ, ㅓ, ㅑ

(2) ㅛ, ㅖ, ㅑ, ㅠ, ㅓ

(3) ㅓ, ㅑ, ㅠ, ㅖ, ㅛ

(4) ㅑ, ㅐ, ㅓ, ㅛ, ㅠ

2 듣고 맞는 것을 고르세요. 🎧 2-2
Listen and choose the right one.

(1) ① ㅏ　② ㅑ　　　　(2) ① ㅐ　② ㅐ

(3) ① ㅜ　② ㅠ　　　　(4) ① ㅓ　② ㅛ

3 듣고 순서대로 번호를 쓰세요. 🎧 2-3
Listen and write in the number in the right order.

(1) ㅑ	(2) ㅓ	(3) ㅛ	(4) ㅠ	(5) ㅐ / ㅖ

4 듣고 맞는 것에 표시하세요. 🎧 2-4

Listen and mark the right one.

보기 Example

ㅑ	ㅛ
ㅣ	ㅗ

(1)

ㅛ	ㅕ
ㅔ	ㅐ

(2)

ㅕ	ㅜ
ㅠ	ㅡ

(3)

ㅑ	ㅖ
ㅏ	ㅐ

5 듣고 맞으면 ○, 틀리면 X 하세요. 🎧 2-5

Listen and mark ○ for the right answer and X for the wrong answer.

(1) ㅛ ( )

(2) ㅕ ( )

(3) ㅑ, ㅖ ( )

(4) ㅠ, ㅐ ( )

6 듣고 맞는 것을 고르세요. 🎧 2-6

Listen and choose the right one.

(1) ① ㅑ, ㅛ   ② ㅑ, ㅕ

(2) ① ㅠ, ㅛ   ② ㅛ, ㅠ

(3) ① ㅕ, ㅠ   ② ㅑ, ㅠ

(4) ① ㅖ, ㅛ   ② ㅐ, ㅑ

✏️ 순서에 맞게 따라 써 보세요.
Trace each letter in the right order.

1	야					
2	여					
3	요					
4	유					
5	얘					
6	예					

❮ key point

● '`ㅑ, ㅕ, ㅒ, ㅖ`'는 'ㅇ' 오른쪽에, 'ㅛ, ㅠ'는 'ㅇ' 아래쪽에 써요.
   '`ㅑ, ㅕ, ㅒ, ㅖ`' are written on the right side of 'ㅇ' and 'ㅛ, ㅠ' are written below 'ㅇ'.

✏️ 소리 내어 읽고 따라 써 보세요. 🎧 2-7

Read the following words aloud and copy them.

✏️ 쓰기 연습장 05p

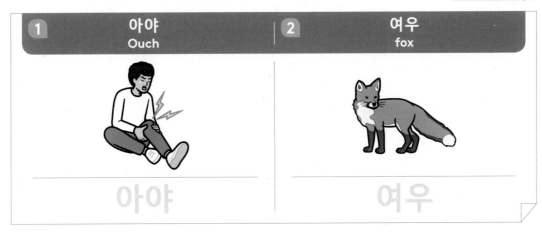

1 아야
Ouch

아야

2 여우
fox

여우

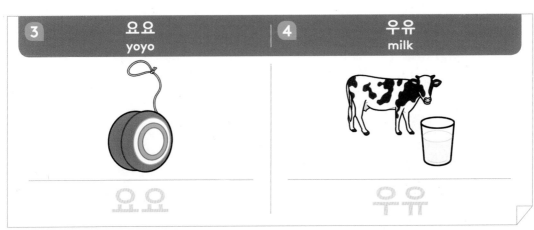

3 요요
yoyo

요요

4 우유
milk

우유

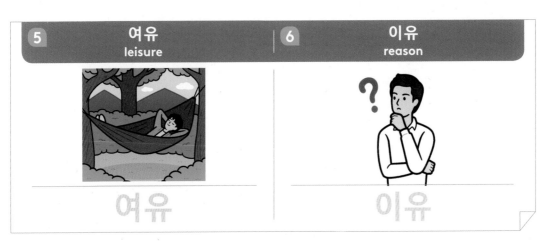

5 여유
leisure

여유

6 이유
reason

이유

1 듣고 맞는 것을 고르세요. 🎧 2-8

Listen and choose the right one.

(1) ① 요요   ② 아야　　　(2) ① 여유   ② 여우

(3) ① 우유   ② 이유　　　(4) ① 여우   ② 우유

2 그림을 보고 맞는 것을 고르세요.

Look at the pictures and choose the right one.

(1)

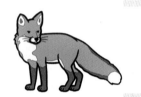

① 여우

② 여유

(2)

① 우유

② 요요

(3)

① 아야

② 아이

(4)

① 이유

② 우유

3 듣고 순서대로 쓰세요. 🎧 2-9

Listen and write the letters in the right order.

(1) _____　(2) _____　(3) _____　(4) _____

4 듣고 단어를 완성하세요. 🎧 2-10
Listen and complete the words.

(1)

(2)

(3)

(4)

5 그림을 보고 단어를 쓰세요.
Look at the pictures and write in the right words.

(1)

(2)

(3)

(4)

PART 3 | 활동 Activities

1 빈칸에 알맞은 글자 카드를 놓으세요. [활동지 02p]
Place the appropriate flashcards in the blanks.

활동 방법 Activity Guide

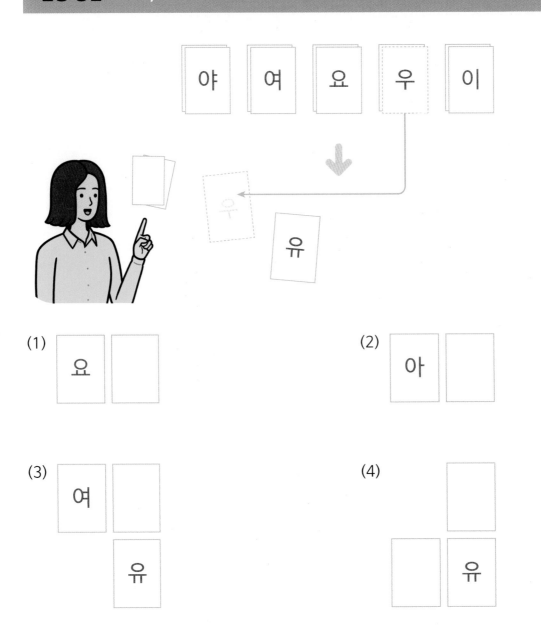

(1)
| 요 | |

(2)
| 아 | |

(3)
| 여 | |
| | 유 |

(4)
| | |
| | 유 |

정답 Answer : (1) 요 (2) 야 (3) 우 (4) 이, 여

2 친구와 보기 단어의 모음을 바꾸어 말하세요.

Change the vowels of Example words and say them with your friend.

활동 방법 Activity Guide

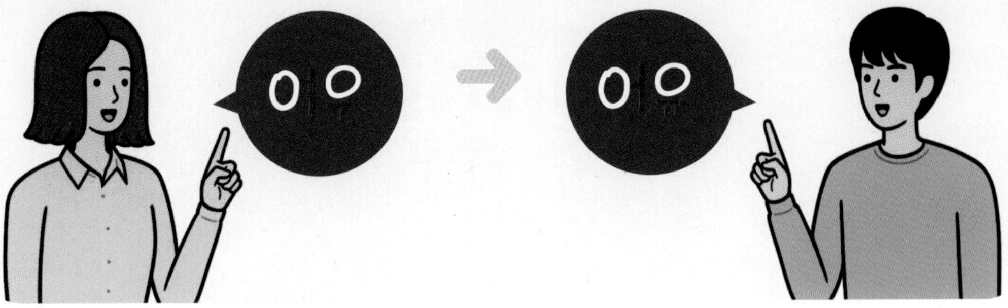

보기 Example

(1) 아야 (2) 우유

(3) 아우 (4) 우애

정답 Answer : (1) 야아 (2) 유우 (3) 야유 (4) 유애

자기 평가 Self-evaluation

- 모음 'ㅑ, ㅕ, ㅛ, ㅠ, ㅒ, ㅖ'를 듣고 구별할 수 있다. 1 | 2 | 3 | 4 | 5
  I can distinguish the vowel sounds of 'ㅑ, ㅕ, ㅛ, ㅠ, ㅒ, ㅖ'.
- 모음 'ㅑ, ㅕ, ㅛ, ㅠ, ㅒ, ㅖ'를 정확하게 발음할 수 있다. 1 | 2 | 3 | 4 | 5
  I can pronounce the vowels of 'ㅑ, ㅕ, ㅛ, ㅠ, ㅒ, ㅖ' correctly.
- 모음 'ㅑ, ㅕ, ㅛ, ㅠ, ㅒ, ㅖ'가 포함된 단어를 읽고 쓸 수 있다. 1 | 2 | 3 | 4 | 5
  I can read and write words that include the vowels of 'ㅑ, ㅕ, ㅛ, ㅠ, ㅒ, ㅖ'.

Unit
03

자음 ①

Consonant ①

학습 목표 Learning Objectives

1 자음 'ㅎ, ㄱ, ㅋ, ㅅ, ㅈ, ㅊ'을 듣고 구별할 수 있다.
Distinguishing the consonant sounds of 'ㅎ, ㄱ, ㅋ, ㅅ, ㅈ, ㅊ'.

2 자음 'ㅎ, ㄱ, ㅋ, ㅅ, ㅈ, ㅊ'을 정확하게 발음할 수 있다.
Pronouncing the consonants of 'ㅎ, ㄱ, ㅋ, ㅅ, ㅈ, ㅊ' correctly.

3 자음 'ㅎ, ㄱ, ㅋ, ㅅ, ㅈ, ㅊ'이 포함된 단어를 읽고 쓸 수 있다.
Reading and writing words that include the consonants of 'ㅎ, ㄱ, ㅋ, ㅅ, ㅈ, ㅊ'.

👄 소리가 만들어지는 곳을 보며 듣고 따라 해 보세요. 🎧 ³⁻⁰
Look at the point of articulation and repeat after the sounds.

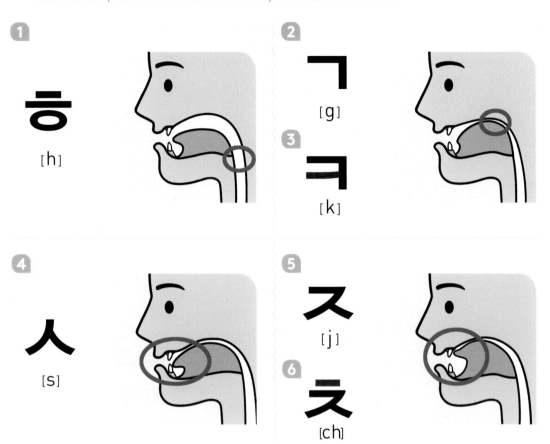

1 ㅎ [h]
2 ㄱ [g]
3 ㅋ [k]
4 ㅅ [s]
5 ㅈ [j]
6 ㅊ [ch]

(key point

- 자음만으로는 발음하지 못하므로 모음 '—'를 붙여 발음해요.
  You pronounce each consonant adding the vowel '—' because you can't pronounce a consonant without a vowel.

- 획이 더해지면 입 밖으로 공기를 더 강하게 내보내며 소리를 내요.
  When a stroke is added on a consonant, you send air out of your mouth more strongly.

👄 듣고 따라 읽어 보세요. 🎧 ③-1

Listen and read along.

✏️ 쓰기 연습장 06p

모음 자음	ㅏ	ㅑ	ㅓ	ㅕ	ㅗ	ㅛ	ㅜ	ㅠ	ㅡ	ㅣ	ㅐ/ㅔ	ㅒ/ㅖ
1 ㅎ	하	햐	허	혀	호	효	후	휴	흐	히	해/헤	-/혜
2 ㄱ	가	갸	거	겨	고	교	구	규	그	기	개/게	걔/계
3 ㅋ	카	캬	커	켜	코	쿄	쿠	큐	크	키	캐/케	-/켸
4 ㅅ	사	샤	서	셔	소	쇼	수	슈	스	시	새/세	섀/셰
5 ㅈ	자	쟈	저	져	조	죠	주	쥬	즈	지	재/제	쟤/졔
6 ㅊ	차	챠	처	쳐	초	쵸	추	츄	츠	치	채/체	-/-

key point

- '쟈, 져, 죠, 쥬, 챠, 쳐, 쵸, 츄'는 [자, 저, 조, 주, 차, 처, 초, 추]로 발음해요.
  Each of '쟈, 져, 죠, 쥬, 챠, 쳐, 쵸, 츄' is pronounced as [자, 저, 조, 주, 차, 처, 초, 추].

- '혜, 계, 켸, 셰, 졔'의 'ㅖ'는 [ㅔ]로도 발음해요.
  'ㅖ' in '혜, 계, 켸, 셰, 졔' is also pronounced as [ㅔ].

연습 Exercise

1 듣고 순서대로 번호를 쓰세요. 🎧 3-2
Listen and write in the number in the right order.

(1) ㅎ	(2) ㄱ	(3) ㅋ	(4) ㅅ	(5) ㅈ	(6) ㅊ

2 듣고 맞는 것을 고르세요. 🎧 3-3
Listen and choose the right one.

(1) ① 후　　② 구

(2) ① 가　　② 카

(3) ① 스　　② 흐

(4) ① 재　　② 채

3 듣고 맞는 것을 찾아 ✅ 하세요. 🎧 3-4
Listen and check the correct answer on each question.

(1) ☐ 거　　　☐ 커　　　☐ 허

(2) ☐ 사　　　☐ 자　　　☐ 차

(3) ☐ 호　　　☐ 초　　　☐ 코

(4) ☐ 교　　　☐ 쇼　　　☐ 효

4 듣고 맞으면 ○, 틀리면 X 하세요. 🎧 3-5
Listen and mark ○ for the right answer and X for the wrong answer.

(1) 개   (   )

(2) 차   (   )

(3) 사자   (   )

(4) 재채기   (   )

5 듣고 맞는 것을 찾아 모두 색칠하세요. 🎧 3-6
Listen and color all of the right ones.

허	거	커	서	저	처
효	교	쿄	쇼	죠	쵸
헤	게	케	세	제	체

6 듣고 맞는 것을 고르세요. 🎧 3-7
Listen and choose the right one.

(1) ① 가자   ② 하자   (2) ① 호수   ② 소수

(3) ① 고지   ② 코치   (4) ① 세수   ② 제주

✏️ 순서에 맞게 따라 써 보세요.
Trace each letter in the right order.

✏️ 쓰기 연습장 06p

1 ㅎ 하 하 허 햐 호 효 후 휴 흐 히

2 ㄱ 가 갸 거 겨 고 교 구 규 그 기

3 ㅋ 카 캬 커 켜 코 쿄 쿠 큐 크 키

4 ㅅ 사 샤 서 셔 소 쇼 수 슈 스 시

5 ㅈ 자 쟈 저 져 조 죠 주 쥬 즈 지

6 ㅊ 차 챠 처 쳐 초 쵸 추 츄 츠 치

(key point

- 'ㄱ'과 'ㅋ'은 모음 위쪽에 쓰일 때는 그대로 쓰고, 모음 왼쪽에 쓰일 때는 많이 꺾어서 써요.
  When you write 'ㄱ' and 'ㅋ' over a vowel, write them as they are. When you write them to the left side of a vowel, bend a downward stroke a lot.

  카구 쿠키

- 'ㅎ', 'ㅈ', 'ㅊ'은 쓰는 사람이나 컴퓨터 글꼴에 따라 모양이 달라요.
  Shapes of 'ㅎ', 'ㅈ', 'ㅊ' vary from person to person and from computer font to computer font.

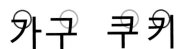

✎ 소리 내어 읽고 따라 써 보세요. 🎧 3-8
Read the following words aloud and copy them.

✎ 쓰기 연습장 12p

1 가구 furniture	**2** 기구 hot-air balloon	**3** 코 nose
가구	기구	코

4 키 height	**5** 세수 washing one's face	**6** 셔츠 shirt
키	세수	셔츠

7 치즈 cheese	**8** 후추 pepper	**9** 휴지 tissue
치즈	후추	휴지

PART 2 | 연습 Exercise

1 듣고 맞는 것을 고르세요. 🎧 3-9
Listen and choose the right one.

(1) ① 코   ② 키   (2) ① 가구   ② 기구

(3) ① 셔츠   ② 치즈   (4) ① 후추   ② 휴지

2 그림을 보고 맞는 것을 고르세요.
Look at the pictures and choose the right one.

(1)

① 코
② 키

(2)

① 세수
② 셔츠

(3)

① 가구
② 기구

(4)

① 치즈
② 휴지

3 듣고 단어를 완성하세요. 🎧 3-10
Listen and complete the words.

(1)

(2)

(3)

(4)

4 듣고 빈칸에 알맞은 단어를 쓰세요. 🎧 3-11
Listen and write the right word in the blank.

(1)

가 아주 [　][　].

(2)

[　][　] 주세요.

5 그림을 보고 단어를 쓰세요.
Look at the pictures and write in the right words.

(1)

(2)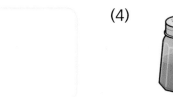

(3)

(4)

1 여러 손글씨로 쓰인 문장에서 'ㅎ'을 모두 찾아 ○, 'ㄱ, ㅋ'을 모두 찾아 □, 'ㅅ, ㅈ, ㅊ'을 모두 찾아 △ 하세요.

The followings are hand-written sentences. In the sentences, find all of 'ㅎ' and mark them with ○, all of 'ㄱ, ㅋ' with □, all of 'ㅅ, ㅈ, ㅊ' with △.

(1) 글꼴 font : 나눔손글씨 금은보화

여기 휴지 하나 주세요.

(2) 글꼴 font : 나눔손글씨 암스테르담

기차가 아주 커요.

(3) 글꼴 font : 나눔손글씨 바른히피

어서 세수하고 가자.

(4) 글꼴 font : 나눔손글씨 나무정원

치즈 케이크 하나 사세요.

참고 Reference

다양한 손글씨 글꼴을 확인해 보세요.
Check out the various handwriting fonts.

2 친구가 읽어 주는 단어를 듣고 자음과 모음 카드로 들은 단어를 만들어 보세요.

활동지 03p/10p

Listen to the words that your friend reads aloud, and make up the words with flashcards of consonants and vowels.

활동 방법 Activity Guide

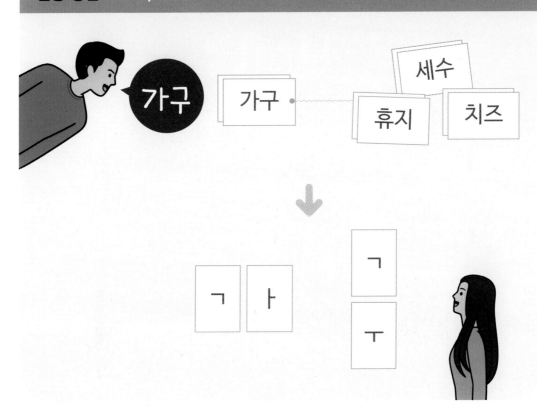

자기 평가 | Self-evaluation

☑ 자음 'ㅎ, ㄱ, ㅋ, ㅅ, ㅈ, ㅊ'을 듣고 구별할 수 있다.　　　　1 | 2 | 3 | 4 | 5
I can distinguish the consonant sounds of 'ㅎ, ㄱ, ㅋ, ㅅ, ㅈ, ㅊ'.

☑ 자음 'ㅎ, ㄱ, ㅋ, ㅅ, ㅈ, ㅊ'을 정확하게 발음할 수 있다.　　　　1 | 2 | 3 | 4 | 5
I can pronounce the consonants of 'ㅎ, ㄱ, ㅋ, ㅅ, ㅈ, ㅊ' correctly.

☑ 자음 'ㅎ, ㄱ, ㅋ, ㅅ, ㅈ, ㅊ'이 포함된 단어를 읽고 쓸 수 있다.　　　1 | 2 | 3 | 4 | 5
I can read and write words that include the consonants of 'ㅎ, ㄱ, ㅋ, ㅅ, ㅈ, ㅊ'.

Unit
04

자음 ②
Consonant ②

학습 목표 Learning Objectives

1 자음 'ㄴ, ㄷ, ㅌ, ㄹ, ㅁ, ㅂ, ㅍ'을 듣고 구별할 수 있다.
Distinguishing the consonant sounds of 'ㄴ, ㄷ, ㅌ, ㄹ, ㅁ, ㅂ, ㅍ'.

2 자음 'ㄴ, ㄷ, ㅌ, ㄹ, ㅁ, ㅂ, ㅍ'을 정확하게 발음할 수 있다.
Pronouncing the consonants of 'ㄴ, ㄷ, ㅌ, ㄹ, ㅁ, ㅂ, ㅍ' correctly.

3 자음 'ㄴ, ㄷ, ㅌ, ㄹ, ㅁ, ㅂ, ㅍ'이 포함된 단어를 읽고 쓸 수 있다.
Reading and writing words that include the consonants of 'ㄴ, ㄷ, ㅌ, ㄹ, ㅁ, ㅂ, ㅍ'.

👄 소리가 만들어지는 곳을 보며 듣고 따라 해 보세요. 🎧 4-0

Look at the point of articulation and repeat after the sounds.

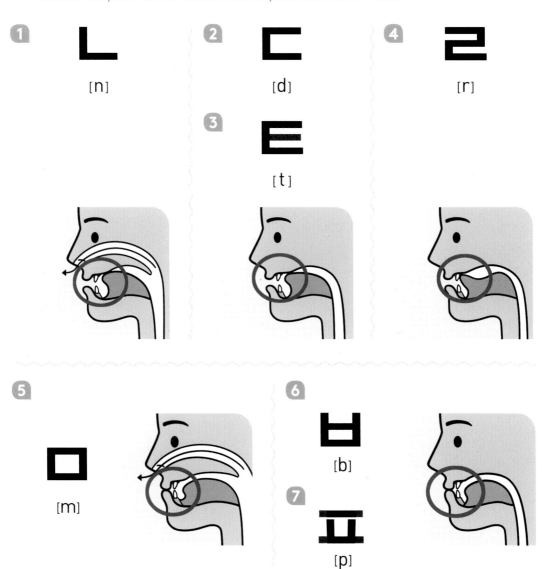

1 ㄴ [n]

2 ㄷ [d]

4 ㄹ [r]

3 ㅌ [t]

5 ㅁ [m]

6 ㅂ [b]

7 ㅍ [p]

(key point

● 'ㄴ', 'ㅁ'은 코로도 공기를 내보내며 소리를 내요.

When pronouncing 'ㄴ' and 'ㅁ', you exhale also through your nose.

👄 듣고 따라 읽어 보세요. 🎧 4-1
Listen and read along.

모음 / 자음	ㅏ	ㅑ	ㅓ	ㅕ	ㅗ	ㅛ	ㅜ	ㅠ	ㅡ	ㅣ	ㅐ/ㅔ	ㅒ/ㅖ
1 ㄴ	나	냐	너	녀	노	뇨	누	뉴	느	니	내/네	냬/녜
2 ㄷ	다	댜	더	뎌	도	됴	두	듀	드	디	대/데	-/-
3 ㅌ	타	탸	터	텨	토	툐	투	튜	트	티	태/테	-/톄
4 ㄹ	라	랴	러	려	로	료	루	류	르	리	래/레	-/례
5 ㅁ	마	먀	머	며	모	묘	무	뮤	므	미	매/메	-/몌
6 ㅂ	바	뱌	버	벼	보	뵤	부	뷰	브	비	배/베	-/-
7 ㅍ	파	퍄	퍼	펴	포	표	푸	퓨	프	피	패/페	-/폐

key point

- '녜, 톄, 몌, 폐'의 'ㅖ'는 [ㅔ]로도 발음해요.
'ㅖ' in '녜, 톄, 몌, 폐' is also pronounced as [ㅔ].

1 듣고 순서대로 번호를 쓰세요. 🎧 (4-2)
Listen and write in the number in the right order.

(1) ㄴ	(2) ㄷ	(3) ㅌ	(4) ㄹ	(5) ㅁ	(6) ㅂ	(7) ㅍ

2 듣고 맞는 것을 고르세요. 🎧 (4-3)
Listen and choose the right one.

(1) ① 노   ② 로

(2) ① 드   ② 트

(3) ① 메   ② 베

(4) ① 바   ② 파

3 듣고 맞는 것을 찾아 ✔ 하세요. 🎧 (4-4)
Listen and check the correct answer on each question.

(1) □ 무   □ 두   □ 투

(2) □ 너   □ 러   □ 머

(3) □ 매   □ 배   □ 패

(4) □ 니   □ 디   □ 비

4 듣고 맞으면 ○, 틀리면 X 하세요. 🎧4-5

Listen and mark ○ for the right answer and X for the wrong answer.

(1) 무   (   )

(2) 배   (   )

(3) 나라   (   )

(4) 도토리   (   )

5 듣고 맞는 것을 찾아 모두 ○ 하세요. 🎧4-6

Listen and circle all of the right ones.

ⓟ플   냐   내   묘

비   튜

려   터   표   데

6 듣고 맞는 것을 고르세요. 🎧4-7

Listen and choose the right one.

(1) ① 나도   ② 너도

(2) ① 도보   ② 두부

(3) ① 파도   ② 타도

(4) ① 도래   ② 타래

학습 Learning

✏️ 순서에 맞게 따라 써 보세요.
Trace each letter in the right order.

✏️ 쓰기 연습장 14p

1 ㄴ

2 ㄷ

3 ㅌ

4 ㄹ

5 ㅁ

6 ㅂ

7 ㅍ

✏️ 소리 내어 읽고 따라 써 보세요. 🎧 4-8
Read the following words aloud and copy them.

✏️ 쓰기 연습장 20p

| 1 나비 butterfly | 2 노래 song | 3 두부 tofu |

나비　　　노래　　　두부

| 4 토마토 tomato | 5 매미 cicada | 6 머리 head |

토마토　　　매미　　　머리

| 7 바다 sea | 8 파티 party | 9 퓨마 puma |

바다　　　파티　　　퓨마

PART 2 | 연습 Exercise

1 듣고 맞으면 ○, 틀리면 X 하세요. 🎧 4-9
   Listen and mark ○ for the right answer and X for the wrong answer.

   (1) 머리 (   )   (2) 뷰마 (   )

   (3) 파다 (   )   (4) 두부 (   )

2 그림을 보고 맞는 것을 고르세요.
   Look at the pictures and choose the right one.

   (1)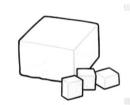
   ① 두부
   ② 토마토

   (2)
   ① 나비
   ② 매미

   (3)
   ① 파티
   ② 토마토

   (4)
   ① 바다
   ② 머리

3 듣고 단어를 완성하세요 🎧 4-10
   Listen and complete the words.

   (1)

   (2)

   (3)

   (4)

4 듣고 빈칸에 알맞은 단어를 쓰세요. 🎧 4-11
Listen and write the right word in the blank.

(1)

		가			

.

(2)

해요.

5 그림을 보고 단어를 쓰세요.
Look at the pictures and write in the right words.

(1)

(2)

(3)

(4)

PART 3 │ 활동 Activities

1 그림을 보고 자음과 모음 카드로 알맞은 단어를 만든 후 읽어 보세요. [활동지 10p]
Look at the pictures and make up the words with flashcards of consonants and vowels. Read them aloud.

활동 방법 Activity Guide

정답 Answer : (1) 파티 (2) 노래 (3) 퓨마

2 보기 와 같이 메뉴를 보고 음식을 주문해 보세요. 활동지 04p
Look at the menu and order some food as Example.

메뉴 menu

수프
soup

소고기 스테이크
beef steak

토마토 스파게티
tomato spaghetti

피자
pizza

바나나 케이크
banana cake

호두 파이
walnut pie

초코 쿠키
chocolate cookies

치즈 쿠키
cheese Cookies

두유
soybean milk

사이다
soda pop

커피
coffee

포도 주스
grape juice

보기 Example

A: '피자', '바나나 케이크', '사이다' 주세요.
　　Slice of pizza, a piece of banana cake and a glass of soda pop, please.

B: (피자, 바나나 케이크, 사이다 그림 카드를 A에게 준다.) 여기요.
　　(giving picture flash cards of pizza, banana cake and soda pop to A.) Here you are.

자기 평가 Self-evaluation

☑ 자음 'ㄴ, ㄷ, ㅌ, ㄹ, ㅁ, ㅂ, ㅍ'을 듣고 구별할 수 있다. 　1｜2｜3｜4｜5
I can distinguish the consonant sounds of 'ㄴ, ㄷ, ㅌ, ㄹ, ㅁ, ㅂ, ㅍ'.

☑ 자음 'ㄴ, ㄷ, ㅌ, ㄹ, ㅁ, ㅂ, ㅍ'을 정확하게 발음할 수 있다. 　1｜2｜3｜4｜5
I can pronounce the consonants of 'ㄴ, ㄷ, ㅌ, ㄹ, ㅁ, ㅂ, ㅍ' correctly.

☑ 자음 'ㄴ, ㄷ, ㅌ, ㄹ, ㅁ, ㅂ, ㅍ'이 포함된 단어를 읽고 쓸 수 있다. 　1｜2｜3｜4｜5
I can read and write words that include the consonants of 'ㄴ, ㄷ, ㅌ, ㄹ, ㅁ, ㅂ, ㅍ'.

Unit
05

모음 ③

Vowel ③

학습 목표 Learning Objectives

① 모음 '나, ㅝ, ㅞ, ㅙ, ㅚ, ㅟ, ㅢ'를 듣고 구별할 수 있다.
Distinguishing the vowel sounds of '나, ㅝ, ㅞ, ㅙ, ㅚ, ㅟ, ㅢ'.

② 모음 '나, ㅝ, ㅞ, ㅙ, ㅚ, ㅟ, ㅢ'를 정확하게 발음할 수 있다.
Pronouncing the vowels of '나, ㅝ, ㅞ, ㅙ, ㅚ, ㅟ, ㅢ' correctly.

③ 모음 '나, ㅝ, ㅞ, ㅙ, ㅚ, ㅟ, ㅢ'가 포함된 단어를 읽고 쓸 수 있다.
Reading and writing words that include the vowels of '나, ㅝ, ㅞ, ㅙ, ㅚ, ㅟ, ㅢ'.

입 모양을 보며 듣고 따라 해 보세요. 5-0
Look at the mouth shapes and repeat after the sounds.

1

[wa]

[ㅗ] + [ㅏ]　　[ㅗ]　　[ㅏ]

2

[wo]

[ㅜ] + [ㅓ]　　[ㅜ]　　[ㅓ]

3

[we]　[wae/we]　[oe/we]

[ㅜ] + [ㅔ]　　[ㅜ]　　[ㅔ]

(key point

- 처음 입 모양에서 다음 입 모양으로 빠르게 미끄러지듯이 바꾸며 발음해요.
  시작하는 발음은 짧고 약하게 발음해요.
  You change your mouth shape and position of your tongue swiftly and smoothly
  from the initial mouth shape to the next. The initial sound is short and weak.

- '네', '내', 'ㅚ'는 서로 다른 발음이지만 현재는 모두 비슷하게 발음해요.
  The sounds of '네', '내', 'ㅚ' are originally different, but nowadays they are sounded
  similarly.

4

ㅟ

[wi]

[ㅜ] + [ㅣ]

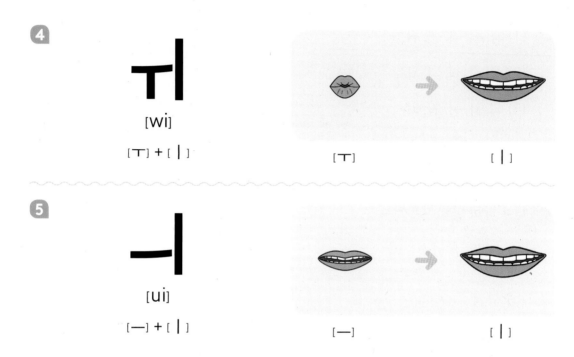

[ㅜ]   [ㅣ]

5

ㅢ

[ui]

[ㅡ] + [ㅣ]

[ㅡ]   [ㅣ]

(key point

- '괴'와 '귀'는 원래 입 모양이 바뀌지 않지만, 현대 한국어에서는 입 모양을 바꾸며 발음하는 것도 가능해요.
  Originally the mouth shapes of '괴' and '귀' don't change, but nowadays their shapes can be changed.

- '긔'는 [ㅣ]나 [ㅔ]로도 발음하는 경우가 있어요.
  Sometimes '긔' is pronounced as [ㅣ] or [ㅔ].
  1) '긔'가 'ㅇ'이 아닌 다른 자음과 함께 오면 [ㅣ]로만 발음해요. (예) 무늬[무니]
     Comes with any consonants other than 'ㅇ', it is sounded only as [ㅣ].
     Example: 무늬[무니]
  2) 단어의 첫음절이 아닌 '의'는 [긔]나 [ㅣ]로 발음해요. (예) 회의[회의/회이]
     When '의' is not the first syllable, it is sounded as [긔] or [ㅣ].
     Example: 회의[회의/회이]
  3) 조사 '의'는 [긔]나 [ㅔ]로 발음해요. (예) 우리의[우리의/우리에]
     The postpositional particle '의' is pronounced as [긔] or [ㅔ].
     Example: 우리의[우리의/우리에]

PART 1 | 연습 Exercise

1 듣고 따라 읽으세요. 🎧 5-1
Listen and repeat.

(1) ㅘ, ㅝ, ㅢ, ㅖ, ㅟ

(2) ㅟ, ㅚ, ㅝ, ㅢ, ㅘ

(3) ㅢ, ㅘ, ㅟ, ㅝ, ㅚ

(4) ㅙ, ㅢ, ㅘ, ㅟ, ㅝ

2 듣고 맞는 것을 고르세요. 🎧 5-2
Listen and choose the right one.

(1) ① ㅘ　　② ㅝ

(2) ① ㅙ　　② ㅟ

(3) ① ㅖ　　② ㅝ

(4) ① ㅚ　　② ㅢ

3 듣고 순서대로 번호를 쓰세요. 🎧 5-3
Listen and write in the number in the right order.

(1) ㅘ	(2) ㅝ	(3) ㅖ/ㅙ/ㅚ	(4) ㅟ	(5) ㅢ

4 듣고 맞는 것에 표시하세요. 🎧 5-4
Listen and mark the right one.

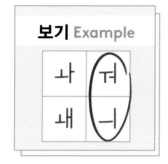

보기 Example

나	겨
돼	ⓣ

(1)

겨	나
ᅱ	졔

(2)

ᅴ	뇌
나	ᅱ

(3)

나	ᅴ
돼	겨

5 듣고 맞으면 ○, 틀리면 X 하세요. 🎧 5-5
Listen and mark ○ for the right answer and X for the wrong answer.

(1) ᅱ   (   )   (2) 나   (   )

(3) 겨, 뇌   (   )   (4) 졔, 돼   (   )

6 듣고 맞는 것을 고르세요. 🎧 5-6
Listen and choose the right one.

(1) ① 겨, 졔   ② 나, 돼

(2) ① ᅱ, 겨   ② ᅱ, 졔

(3) ① ᅴ, ᅱ   ② 졔, 뇌

(4) ① 나, ᅴ   ② 겨, ᅱ

✏️ 순서에 맞게 따라 써 보세요.
Trace each letter in the right order.

1	와				
2	워				
3	웨				
4	왜				
5	외				
6	위				
7	의				

◖ **key point**

● '⊥'에 'ㅓ'나 'ㅔ'가 결합된 글자와 'ㅜ'에 'ㅏ'나 'ㅐ'가 결합된 글자는 없어요.
There is no letter combining '⊥' with 'ㅓ' or 'ㅔ' and no letter combining 'ㅜ' with 'ㅏ'
or 'ㅐ'.

✎ 소리 내어 읽고 따라 써 보세요. 🎧 5-7

Read the following words aloud and copy them.

✎ 쓰기 연습장 22p

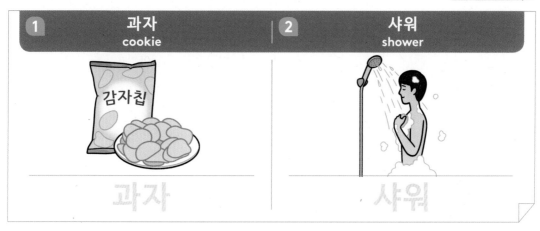

1 과자 cookie

과자

2 샤워 shower

샤워

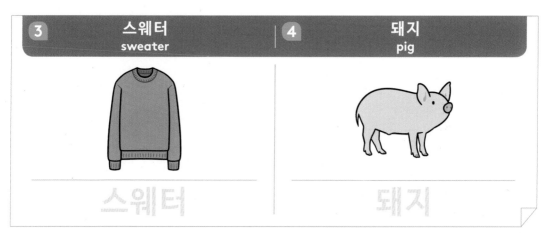

3 스웨터 sweater

스웨터

4 돼지 pig

돼지

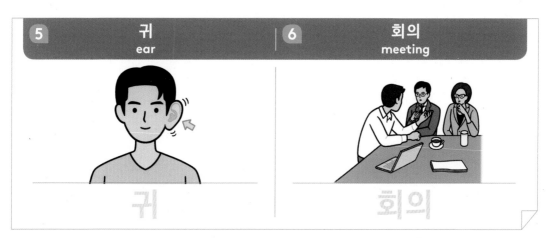

5 귀 ear

귀

6 회의 meeting

회의

PART 2 | 연습 Exercise

1 듣고 맞는 것을 고르세요. 🎧 5-8
Listen and choose the right one.

(1) ① 귀 ② 쥐   (2) ① 돼지 ② 대지

(3) ① 과자 ② 가자   (4) ① 회의 ② 해이

2 그림을 보고 맞는 것을 고르세요.
Look at the pictures and choose the right one.

(1)

① 회의
② 과자

(2)
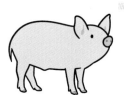
① 돼지
② 샤워

(3)

① 귀
② 과자

(4)

① 샤워
② 회의

3 듣고 순서대로 쓰세요. 🎧 5-9
Listen and write the letters in the right order.

(1) _____   (2) _____   (3) _____   (4) _____

4 듣고 단어를 완성하세요. 🎧 5-10
Listen and complete the words.

(1)

ㄷ	ㅈ

(2)

ㅅ	ㅇ

(3)

ㅎ	ㅇ

(4)

ㄱ	ㅈ

5 듣고 'ㅢ'의 발음이 서로 같으면 ○, 다르면 X 하세요. 🎧 5-11
Listen and mark ○ when the sounds of 'ㅢ' are the same, mark X when the sounds of 'ㅢ' are not the same.

(1) 무늬, 의사   (   )

(2) 유희, 무늬   (   )

(3) 의사, 의자   (   )

(4) 의자, 띄어쓰기   (   )

6 그림을 보고 단어를 쓰세요.
Look at the pictures and write in the right words.

(1)

(2)

(3)

(4)

PART 3 | 활동 Activities

1 올바른 단어를 따라 길을 찾으세요
Follow the correct words and find your way.

활동 방법 Activity Guide

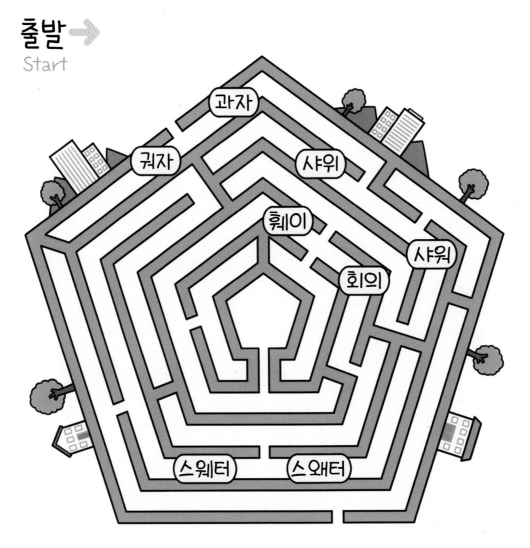

출발 → Start

과자
궈자
샤위
훼이
샤워
회의
스웨터
스왜터

→ 도착 Finish

정답 Answer : 과자-샤위-훼이-스왜터

2 친구가 읽어 주는 단어를 듣고 자음과 모음 카드로 들은 단어를 만들어 보세요.

활동지 05p/10p

Listen to the words that your friend reads aloud, and make up the words with flashcards of consonants and vowels.

활동 방법 Activity Guide

자기 평가 Self-evaluation

✅ 모음 '과, ㅝ, ㅞ, ㅙ, ㅚ, ㅟ, ㅢ'를 듣고 구별할 수 있다. 1 | 2 | 3 | 4 | 5
I can distinguish the vowel sounds of '과, ㅝ, ㅞ, ㅙ, ㅚ, ㅟ, ㅢ'.

✅ 모음 '과, ㅝ, ㅞ, ㅙ, ㅚ, ㅟ, ㅢ'를 정확하게 발음할 수 있다. 1 | 2 | 3 | 4 | 5
I can pronounce the vowels of '과, ㅝ, ㅞ, ㅙ, ㅚ, ㅟ, ㅢ' correctly.

✅ 모음 '과, ㅝ, ㅞ, ㅙ, ㅚ, ㅟ, ㅢ'가 포함된 단어를 읽고 쓸 수 있다. 1 | 2 | 3 | 4 | 5
I can read and write words that include the vowels of '과, ㅝ, ㅞ, ㅙ, ㅚ, ㅟ, ㅢ'.

Unit
06

자음 ③

Consonant ③

학습 목표 Learning Objectives

1 자음 'ㄲ, ㄸ, ㅃ, ㅆ, ㅉ'을 듣고 구별할 수 있다.
  Distinguishing the consonant sounds of 'ㄲ, ㄸ, ㅃ, ㅆ, ㅉ'.

2 자음 'ㄲ, ㄸ, ㅃ, ㅆ, ㅉ'을 정확하게 발음할 수 있다.
  Pronouncing the consonants of 'ㄲ, ㄸ, ㅃ, ㅆ, ㅉ' correctly.

3 자음 'ㄲ, ㄸ, ㅃ, ㅆ, ㅉ'이 포함된 단어를 읽고 쓸 수 있다.
  Reading and writing words that include the consonants of 'ㄲ, ㄸ, ㅃ, ㅆ, ㅉ'.

👄 소리가 만들어지는 곳을 보며 듣고 따라 해 보세요. 🎧 6-0
Look at the point of articulation and repeat after the sounds.

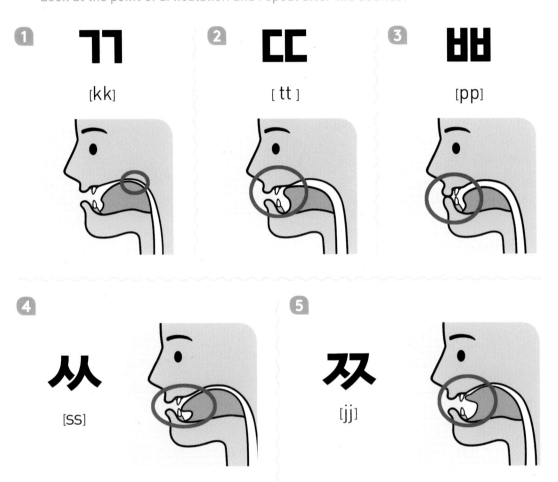

1 ㄲ
[kk]

2 ㄸ
[tt]

3 ㅃ
[pp]

4 ㅆ
[ss]

5 ㅉ
[jj]

○ key point

- '*ㄲ, ㄸ, ㅃ, ㅆ, ㅉ*'은 각각 '*ㄱ, ㄷ, ㅂ, ㅅ, ㅈ*'보다 목과 턱 아랫부분, 혀 등에 힘을 주며 소리를 내요.
  When you sound '*ㄲ, ㄸ, ㅃ, ㅆ, ㅉ*' you put more strength on your neck, lower jaw and tongue etc. than sounding '*ㄱ, ㄷ, ㅂ, ㅅ, ㅈ*' respectively.

- '*ㄲ, ㄸ, ㅃ, ㅆ, ㅉ*'을 발음할 때는 '*ㄱ, ㄷ, ㅂ, ㅅ, ㅈ*'보다 높은음으로 소리를 내요.
  When you sound '*ㄲ, ㄸ, ㅃ, ㅆ, ㅉ*' you do them in a higher tone than sounding '*ㄱ, ㄷ, ㅂ, ㅅ, ㅈ*' respectively.

👄 듣고 따라 읽어 보세요. 🎧 6-1

Listen and read along.

모음 자음	ㅏ	ㅑ	ㅓ	ㅕ	ㅗ	ㅛ	ㅜ	ㅠ	ㅡ	ㅣ	ㅐ/ㅔ
1 ㄲ	까	꺄	꺼	껴	꼬	꾜	꾸	뀨	끄	끼	깨/께
2 ㄸ	따	땨	떠	뗘	또	뚀	뚜	뜌	뜨	띠	때/떼
3 ㅃ	빠	뺘	뻐	뼈	뽀	뾰	뿌	쀼	쁘	삐	빼/뻬
4 ㅆ	싸	쌰	써	쎠	쏘	쑈	쑤	쓔	쓰	씨	쌔/쎄
5 ㅉ	짜	쨔	쩌	쪄	쪼	쬬	쭈	쮸	쯔	찌	째/쩨

key point

- '쨔, 쪄, 쬬, 쮸'는 단모음인 [짜, 쩌, 쪼, 쭈]로 발음해요.
  When you pronounce '쨔, 쪄, 쬬, 쮸' you just sound them as single vowels of [짜, 쩌, 쪼, 쭈].

Unit 6 • 자음 (3) **77**

PART 1 | 연습 Exercise

1 듣고 순서대로 번호를 쓰세요. 🎧 6-2

Listen and write in the number in the right order.

(1) ㄲ	(2) ㄸ	(3) ㅃ	(4) ㅆ	(5) ㅉ

2 듣고 맞는 것을 고르세요. 🎧 6-3

Listen and choose the right one.

(1) ① 까　　② 따

(2) ① 쓰　　② 쪼

(3) ① 또　　② 뽀

(4) ① 띠　　② 씨

3 듣고 맞는 것을 찾아 ✅ 하세요. 🎧 6-4

Listen and check the correct answer on each question.

(1) ☐ 그　　　☐ 끄　　　☐ 크

(2) ☐ 더　　　☐ 떠　　　☐ 터

(3) ☐ 배　　　☐ 빼　　　☐ 패

(4) ☐ 수　　　☐ 쑤　　　☐ 쭈

4 듣고 맞으면 ○, 틀리면 X 하세요. 🎧6-5

Listen and mark ○ for the right answer and X for the wrong answer.

(1) 뼈 ( )

(2) 째 ( )

(3) 따다 ( )

(4) 꼬끼오 ( )

5 듣고 맞는 것을 찾아 모두 색칠하세요. 🎧6-6

Listen and color all of the right ones.

까	꺼	꼬	꾸	쏘	끼
띠	뜨	뚜	또	떠	뿌
뽀	쩌	쏘	쪼	꺄	쓰

6 듣고 맞는 것을 고르세요. 🎧6-7

Listen and choose the right one.

(1) ① 꼬소　② 고소　(2) ① 베다　② 빼다

(3) ① 쭈쓰　② 주스　(4) ① 토끼　② 토기

✏️ 순서에 맞게 따라 써 보세요.
Trace each letter in the right order.

✏️ 쓰기 연습장 23p

1 ㄲ

2 ㄸ

3 ㅃ

4 ㅆ

5 ㅉ

◖ key point

- 간격이 너무 떨어지지 않게 붙여 써요. (예) ㄲ (O), ㄱㄱ (X)
  When you write down these letters, put the parts of a letter close enough so that the gap between the parts goes too far. Example. ㄲ (O), ㄱㄱ (X)

- 'ㄲ'은 'ㄱ', 'ㅋ'처럼 모음 위쪽에 쓰일 때는 그대로 쓰고, 모음 왼쪽에 쓰일 때는 많이 꺾어서 써요.
  When you write 'ㄲ' over a vowel, write them as they are. When you write them to the left side of a vowel, bend downward strokes a lot as 'ㄱ' and 'ㅋ'.

✏️ 소리 내어 읽고 따라 써 보세요. 🎧 6-8
Read the following words aloud and copy them.

✏️ 쓰기 연습장 28p

| 1 | 고리 hook | 2 | 꼬리 tail |

고리 · 꼬리

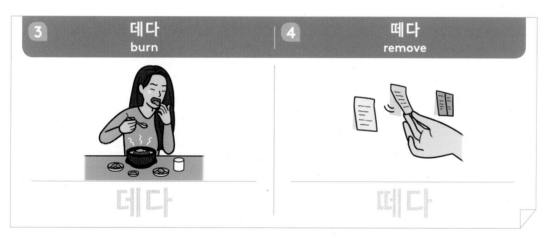

| 3 | 데다 burn | 4 | 떼다 remove |

데다 · 떼다

| 5 | 부리 beak | 6 | 뿌리 root |

부리 · 뿌리

학습 Learning

✎ 쓰기 연습장 28p

7 사다
buy

사다

8 싸다
cheap

90%
OFF
50,000
↓
5,000

싸다

9 자다
sleep

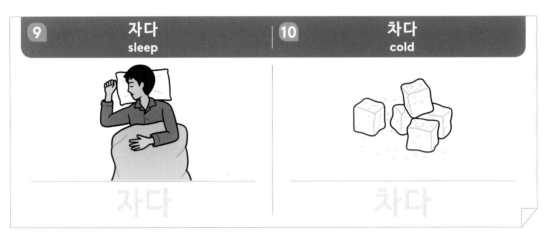

자다

10 차다
cold

차다

11 짜다
salty

짜다

1 듣고 맞는 것을 고르세요.

Listen and choose the right one.

(1) ① 고리　② 꼬리

(2) ① 데다　② 떼다

(3) ① 부리　② 뿌리

(4) ① 사다　② 싸다

2 그림을 보고 맞는 것을 고르세요.

Look at the pictures and choose the right one.

(1)

① 부리

② 뿌리

(2)

① 사다

② 싸다

(3)

① 고리

② 꼬리

(4)

① 떼다

② 데다

3 듣고 단어를 완성하세요

Listen and complete the words.

(1)

(2)

(3)

(4)

연습 Exercise

4 듣고 빈칸에 알맞은 단어를 쓰세요. 🎧 6-11
Listen and write the right word in the blank.

(1)

모자가 예쁘고 ⬚⬚ . 그래서 하나 ⬚⬚ .

(2)

⬚⬚ 가 너무 ⬚⬚ .

5 그림을 보고 맞는 것을 찾아 선으로 이으세요.
Look at the pictures and connect matching ones with a line.

(1)

     •

• ① 짜다

(2)

   •

• ② 사다

(3)

     •

• ③ 자다

(4)

   •

• ④ 차다

6 그림을 보고 단어를 쓰세요.

Look at the pictures and write in the right words.

(1)

(2)

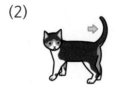

(3)

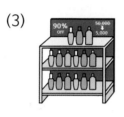

(4)

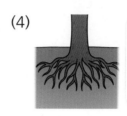

(5)

(6)

PART 3 | 활동 Activities

1 그림 카드 순서에 따라 여행지를 찾아가 보세요. 활동지 06p

Follow the route indicated by flashcards and find the travel destination.

활동 방법 Activity Guide

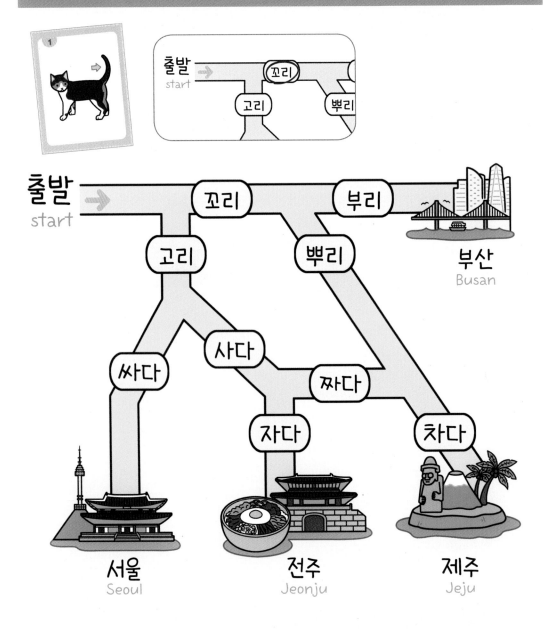

정답 answer : 서울(꼬리 – 뿌리 – 싸다 – 사다 – 짜다)

2 [활동 방법]에 따라 친구와 같은 글자를 찾아보세요. 활동지 07p

Under the direction of Activity Guide find the same letter as your friend's.

활동 방법 Activity Guide

자기 평가 Self-evaluation

☑ 자음 '끼, 뜨, 빠, 쓰, 쯔'을 듣고 구별할 수 있다.   1 | 2 | 3 | 4 | 5
I can distinguish the consonant sounds of '끼, 뜨, 빠, 쓰, 쯔'.

☑ 자음 '끼, 뜨, 빠, 쓰, 쯔'을 정확하게 발음할 수 있다.   1 | 2 | 3 | 4 | 5
I can pronounce the consonants of '끼, 뜨, 빠, 쓰, 쯔' correctly.

☑ 자음 '끼, 뜨, 빠, 쓰, 쯔'이 포함된 단어를 읽고 쓸 수 있다.   1 | 2 | 3 | 4 | 5
I can read and write words that include the consonants of '끼, 뜨, 빠, 쓰, 쯔'.

Unit
07

___

받침 ①

Final Consonant ①

학습 목표 Learning Objectives

1 받침 'ㅇ', 'ㄱ, ㅋ, ㄲ', 'ㅁ', 'ㅂ, ㅍ'을 듣고 구별할 수 있다.
Distinguishing the final consonant sounds of 'ㅇ', 'ㄱ, ㅋ, ㄲ', 'ㅁ', 'ㅂ, ㅍ'.

2 받침 'ㅇ', 'ㄱ, ㅋ, ㄲ', 'ㅁ', 'ㅂ, ㅍ'을 정확하게 발음할 수 있다.
Pronouncing the final consonants of 'ㅇ', 'ㄱ, ㅋ, ㄲ', 'ㅁ', 'ㅂ, ㅍ' correctly.

3 받침 'ㅇ', 'ㄱ, ㅋ, ㄲ', 'ㅁ', 'ㅂ, ㅍ'이 포함된 단어를 읽고 쓸 수 있다.
Reading and writing words that include the final consonants of 'ㅇ', 'ㄱ, ㅋ, ㄲ', 'ㅁ', 'ㅂ, ㅍ'.

👄 소리가 만들어지는 곳을 보며 듣고 따라 해 보세요. 🎧 7-0

Look at the point of articulation and repeat after the sounds.

1

응

[ng]

2

윽 윽/윾

[k]

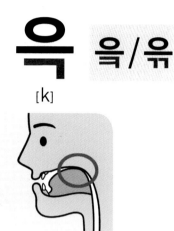

3

음

[m]

4

읍 읖

[p]

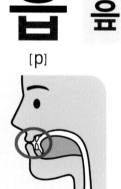

◖ key point

- '받침'은 한 음절에서 마지막에 오는 자음이에요.
  The final consonant (받침) is a consonant that comes at the end of a syllable.

- 대부분의 자음이 받침으로 올 수 있지만, 7개의 대표 자음(ㄱ, ㄴ, ㄷ, ㄹ, ㅁ, ㅂ, ㅇ)으로만 소리가 나요. 받침 'ㅋ'과 'ㄲ'은 받침 'ㄱ'으로, 받침 'ㅍ'은 받침 'ㅂ'으로 발음해요.
  Theoretically almost of all the consonants come at the end of a syllable, but only seven representative consonants (ㄱ, ㄴ, ㄷ, ㄹ, ㅁ, ㅂ, ㅇ) are sounded at the end of a syllable. The final consonant 'ㅋ' and 'ㄲ' are sounded as 'ㄱ' and 'ㅍ' as 'ㅂ'.

👄 듣고 따라 읽어 보세요. 🎧 7-1
Listen and read along.

1

[가]
↓
[앙]

강 [강]

2

더
+ㄱ

[더]
↓
[억]

덕 [덕]

3

소
+ㅁ

[소]
↓
[옴]

솜 [솜]

4

[추]
↓
[웁]

춥 [춥]

1 듣고 순서대로 번호를 쓰세요. 🎧 7-2

Listen and write in the number in the right order.

(1) 응	(2) 욱/욱/육	(3) 음	(4) 읍/읖

2 듣고 맞는 것을 고르세요. 🎧 7-3

Listen and choose the right one.

(1) ① 강　② 감

(2) ① 숙　② 숲

(3) ① 펌　② 펍

(4) ① 엉　② 억

3 듣고 맞는 것을 찾아 ✔ 하세요. 🎧 7-4

Listen and check the correct answer on each question.

(1) ☐ 음　☐ 응　☐ 읖

(2) ☐ 방　☐ 밖　☐ 밥

(3) ☐ 곰　☐ 곱　☐ 곡

(4) ☐ 팅　☐ 팀　☐ 틱

4 듣고 맞는 것을 찾아 모두 ○ 하세요.
Listen and circle all of the right ones.

핱   돔   급

금   폽   칩   동

    침   폭   행

5 듣고 맞는 것을 고르세요.
Listen and choose the right one.

(1) ① 감다   ② 갚다   (2) ① 부엉   ② 부엌

(3) ① 입다   ② 익다   (4) ① 금지   ② 긍지

6 듣고 빈칸에 맞는 것을 고르세요.
Listen and choose the one that fits the blank.

(1) ☐당   ① 감   ② 강

(2) 사☐   ① 람   ② 랑

(3) ☐시   ① 혹   ② 홍

(4) 공☐   ① 장   ② 작

✏ 빈칸에 알맞은 글자를 쓰세요.
Write in the letters that fit the blanks.

✏ 쓰기 연습장 29p

자음＼모음	1 ㅏ	2 ㅑ	3 ㅓ	4 ㅕ	5 ㅗ	6 ㅛ	7 ㅜ	8 ㅠ	9 ㅡ	10 ㅣ
ㄱ	강	걍	경	격	곡	–	굼	귬	급	깊
ㄴ	낭	냥	넝	녁	녹	–	눔	늄	늡	닢
ㄷ	당	–	덩	–	독	–	둠	–	듭	–
ㄹ	랑	량	렁	력	록	–	룸	륨	릅	–
ㅁ	망	먕	멍	멱	목	–	뭄	뮴	믑	–
ㅂ					복	–		븀	–	
ㅅ						–	숨			
ㅇ										잎
ㅈ						–	–		–	
ㅊ	창	–	청							
받침	ㅇ			ㄱ			ㅁ		ㅂ	ㅍ

모음\자음	1 ㅏ	2 ㅑ	3 ㅓ	4 ㅕ	5 ㅗ	6 ㅛ	7 ㅜ	8 ㅠ	9 ㅡ	10 ㅣ
ㅋ				—	콕	—				—
ㅌ		—		—		—	툼			
ㅍ				—		—			픕	—
ㅎ						—				—
ㄲ	깡	—	껑	—	—			—		—
ㄸ				—	똑					
ㅃ					—	—	뿜	—		—
ㅆ		—		—	—		—		씁	
ㅉ		—		—	—			—	—	—
받침	○				ㄱ		ㅁ		ㅂ	ㅍ

● 받침은 맨 마지막에 맨 아래쪽에 써요.
A final consonant (받침) is written down at the bottom and at the end of a letter.

PART 2 | 학습 Learning

✏️ 소리 내어 읽고 따라 써 보세요. 🎧 7-8
Read the following words aloud and copy them.

✏️ 쓰기 연습장 34p

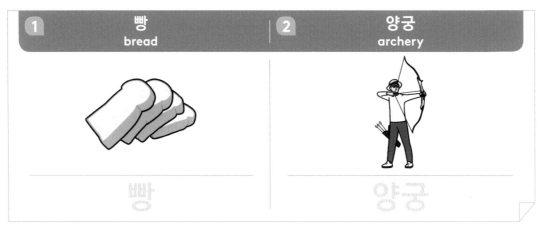

1 빵
bread

빵

2 양궁
archery

양궁

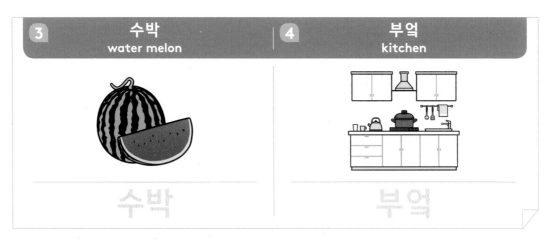

3 수박
water melon

수박

4 부엌
kitchen

부 엌

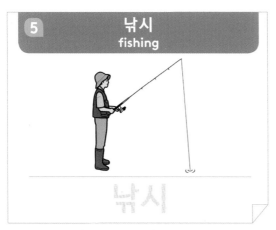

5 낚시
fishing

낚시

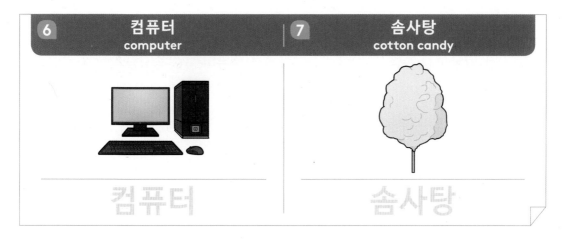

6 컴퓨터
computer

컴퓨터

7 솜사탕
cotton candy

솜사탕

8 컵
cup

컵

9 무릎
knee

무릎

PART 2 | 연습 Exercise

1 듣고 맞는 것을 고르세요. 🎧 7-9

Listen and choose the right one.

(1) ① 빵 　② 컵　　　　　　(2) ① 무릎　② 부엌

(3) ① 양궁　② 수박　　　　(4) ① 컴퓨터　② 솜사탕

2 그림을 보고 맞는 것을 고르세요.

Look at the pictures and choose the right one.

(1)

① 컴

② 컵

(2)

① 부억

② 부엌

(3)

① 무릅

② 무릎

(4)

① 솜사탕

② 송사탐

3 듣고 단어를 완성하세요. 🎧 7-10

Listen and complete the words.

(1)

(2)

나 시

(3)

수 바

(4)

커 퓨 터

4 듣고 빈칸에 알맞은 단어를 쓰세요. 7-11

Listen and write the right word in the blank.

(1) [ ][ ][ ][ ]   소리가 나요.

(2) 아이가 [ ][ ][ ][ ]   수영해요.

5 그림을 보고 단어를 쓰세요.

Look at the pictures and write in the right words.

(1)

(2)

(3)

(4)

1 자음 카드를 받침 자리에 넣고 읽어 보세요. 활동지 10p

Place a consonant card at the final consonant position and read the word.

활동 방법 Activity Guide

| ㅇ | ㄱ | ㅋ | ㄲ | ㅁ | ㅍ | ㅂ |

ㅂ

ㅂ ㅏ

ㅂ

밥

(1)
ㅋ
ㅗ

(2)
ㅌ ㅏ

(3)
ㅈ ㅣ

(4)
ㄱ ㅏ
ㅗ

2 보기의 단어를 친구에게 귓속말로 전달하세요.
Whisper the word of Example to your friend.

활동 방법 Activity Guide

보기 Example

빵   양궁   수박   컴퓨터
솜사탕   컵   무릎

자기 평가 Self-evaluation

☑ 받침 'ㅇ', 'ㄱ, ㅋ, ㄲ', 'ㅁ', 'ㅂ, ㅍ'을 듣고 구별할 수 있다.   1 | 2 | 3 | 4 | 5
I can distinguish the final consonant sounds of 'ㅇ', 'ㄱ, ㅋ, ㄲ', 'ㅁ', 'ㅂ, ㅍ'.

☑ 받침 'ㅇ', 'ㄱ, ㅋ, ㄲ', 'ㅁ', 'ㅂ, ㅍ'을 정확하게 발음할 수 있다.   1 | 2 | 3 | 4 | 5
I can pronounce the final consonants of 'ㅇ', 'ㄱ, ㅋ, ㄲ', 'ㅁ', 'ㅂ, ㅍ' correctly.

☑ 받침 'ㅇ', 'ㄱ, ㅋ, ㄲ', 'ㅁ', 'ㅂ, ㅍ'이 포함된 단어를 읽고 쓸 수 있다.   1 | 2 | 3 | 4 | 5
I can read and write words that include the final consonants of 'ㅇ', 'ㄱ, ㅋ, ㄲ', 'ㅁ', 'ㅂ, ㅍ'.

Unit
08

받침 ②

Final Consonant ②

학습 목표 Learning Objectives

1 받침 'ㄴ', 'ㄷ, ㅅ, ㅆ, ㅈ, ㅊ, ㅌ, ㅎ', 'ㄹ'을 듣고 구별할 수 있다.
Distinguishing the final consonant sounds of 'ㄴ', 'ㄷ, ㅅ, ㅆ, ㅈ, ㅊ, ㅌ, ㅎ', 'ㄹ'.

2 받침 'ㄴ', 'ㄷ, ㅅ, ㅆ, ㅈ, ㅊ, ㅌ, ㅎ', 'ㄹ'을 정확하게 발음할 수 있다.
Pronouncing the final consonants of 'ㄴ', 'ㄷ, ㅅ, ㅆ, ㅈ, ㅊ, ㅌ, ㅎ', 'ㄹ' correctly.

3 받침 'ㄴ', 'ㄷ, ㅅ, ㅆ, ㅈ, ㅊ, ㅌ, ㅎ', 'ㄹ'이 포함된 단어를 읽고 쓸 수 있다.
Reading and writing words that include the final consonants of 'ㄴ', 'ㄷ, ㅅ, ㅆ, ㅈ, ㅊ, ㅌ, ㅎ', 'ㄹ'.

👄 소리가 만들어지는 곳을 보며 듣고 따라 해 보세요. 🎧 8-0
Look at the point of articulation and repeat after the sounds.

1

은
[n]

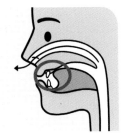

2

읃
[t]

읏/읐/읒/읓/읕/읗

3

을
[l]

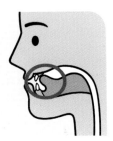

○ **key point**

● 받침 'ㅅ, ㅆ, ㅈ, ㅊ, ㅌ, ㅎ'은 모두 받침 'ㄷ'으로 발음해요.
All the final consonants of 'ㅅ, ㅆ, ㅈ, ㅊ, ㅌ, ㅎ' are sounded as 'ㄷ'.

● 자음 'ㄸ, ㅃ, ㅉ'은 받침으로 사용되지 않아요.
The consonants of 'ㄸ, ㅃ, ㅉ' are not used as a final consonant.

👄 듣고 따라 읽어 보세요. 🎧 8-1
Listen and read along.

1

나 + ㄴ

[나]
↓
[안]

→

난 [난]

2

드 + ㄷ

[드]
↓
[은]

→

든 [든]

가 + ㅌ

[가]
↓
[앝]

→

같 [갇]

3

서 + ㄹ

[서]
↓
[얼]

→

설 [설]

1 듣고 순서대로 번호를 쓰세요. 🎧8-2

Listen and write in the number in the right order.

(1) 은	(2) 읃/읏/읐/읒/읓/읕/읗	(3) 을

2 듣고 맞는 것을 고르세요. 🎧8-3

Listen and choose the right one.

(1) ① 본　② 볼

(2) ① 끝　② 끌

(3) ① 컨　② 컸

(4) ① 듣　② 들

3 듣고 맞는 것을 찾아 ✔ 하세요. 🎧8-4

Listen and check the correct answer on each question.

(1) ☐ 은　☐ 읃　☐ 을

(2) ☐ 찬　☐ 찼　☐ 찰

(3) ☐ 돈　☐ 돋　☐ 돌

(4) ☐ 싼　☐ 쌌　☐ 쌀

4 듣고 맞는 것을 찾아 모두 색칠하세요. 🎧8-5
Listen and color all of the right ones.

담	달	같	갈	돌	덜
전	살	샀	알	안	앉
설	절	펄	펐	젠	잰

5 듣고 맞는 것을 고르세요. 🎧8-6
Listen and choose the right one.

(1) ① 듣다　② 들다　　(2) ① 같다　② 간다

(3) ① 밀다　② 믿다　　(4) ① 달다　② 닿다

6 듣고 빈칸에 맞는 것을 고르세요. 🎧8-7
Listen and choose the one that fits the blank.

(1) ☐ 개　　① 낱　　② 날

(2) ☐ 다　　① 살　　② 샀

(3) ☐☐ 래　　① 질단　　② 진달

(4) ☐☐ 배　　① 돛단　　② 돌단

학습 Learning

✎ 빈칸에 알맞은 글자를 쓰세요.
Write in the letters that fit the blanks.

✎ 쓰기 연습장 36p

	1	2	3	4	5	6	7	8	9	10
모음 자음	ㅏ	ㅓ	ㅑ	ㅕ	ㅓ	ㅗ	ㅜ	ㅏ	ㅡ	ㅣ
ㄱ	간	걷	갓	겼	겄	–	–	강	글	길
ㄴ		난	낫	녔				낳	늘	닐
ㄷ	단		닷	–		돛	–	닿	들	딜
ㄹ	란	–	랏	렸		–	–	랑	를	릴
ㅁ	만		맛	몄	멋		뭍	맣	믈	밀
ㅂ			밧							
ㅅ		섣			–	–	숟			
ㅇ							–	–	을	
ㅈ				졌			–	–		질
ㅊ	찬	–								
받침	ㄴ	ㄷ	ㅅ	ㅆ	ㅈ	ㅊ	ㅌ	ㅎ	ㄹ	

자음 \ 모음	1 ㅏ	2 ㅓ	3 ㅑ	4 ㅕ	5 ㅓ	6 ㅗ	7 ㅜ	8 ㅏ	9 ㅡ	10 ㅣ
ㅋ			캇		–	–	–	–		
ㅌ		–		–		–	–			
ㅍ		–				–	–	–	플	
ㅎ		–				–	–	–		힐
ㄲ	깐	–				–				
ㄸ		–	땃	–		–	–			
ㅃ				–	–	–		빵		
ㅆ		–	–	–	–	–	–		쏠	
ㅉ							–	–		찔
받침	ㄴ	ㄷ	ㅅ	ㅆ	ㅈ	ㅊ	ㅌ	ㅎ	ㄹ	

✎ 소리 내어 읽고 따라 써 보세요. 🎧 8-8

Read the following words aloud and copy them.

✎ 쓰기 연습장 40p

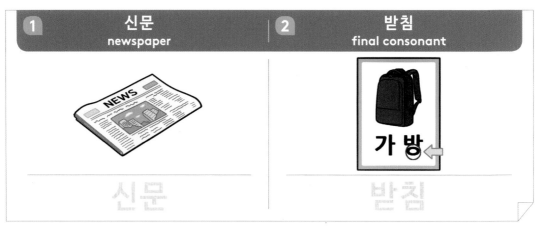

1	신문	2	받침
	newspaper		final consonant

신문   받침

3	그릇	4	햇볕
	bowl		sunlight

그릇   햇볕

5	낮	6	꽃다발
	day		bouquet

낮   꽃다발

7 놓치다
miss

놓치다

8 전기밥솥
electric rice cooker

전기밥솥

9 얼룩말
zebra

얼룩말

| 연습 Exercise

1 듣고 맞는 것을 고르세요. 🎧 8-9
Listen and choose the right one.

(1) ① 신문　　② 받침 　　 (2) ① 그릇　　② 햇볕

(3) ① 꽃다발　② 얼룩말 　　 (4) ① 햇볕　　② 받침

2 듣고 단어를 완성하세요. 🎧 8-10
Listen and complete the words.

(1) | 시 | 무 |

(2) | 해 | 뼈 |

(3) | 바 | 치 |

(4) | 노 | 치 | 다 |

3 듣고 빈칸에 알맞은 단어를 쓰세요. 🎧 8-11
Listen and write the right word that in the blank.

(1) 내가 ☐☐　　기린 ☐☐

(2) ☐☐☐　　무늬 ☐☐

4 '낮'과 같은 받침소리가 나는 단어를 찾아 모두 ○ 하세요.
   Circle for all the letters of which the sound of final consonants are pronounced as
   the final consonant sound in '낮'.

각	돋	었			밭
난			칩	놀	할
꽃	침			랖	것

5 그림을 보고 단어를 쓰세요.
   Look at the pictures and write in the right words.

(1)

(2)

(3)

(4)

PART 3 | 활동 Activities

1 모어와 한글로 자신의 이름을 쓰고 이름표를 꾸며 보세요.
Draw your name tag in the mother tongue and Hangeul.

〈모어 mother tongue〉

〈한글 Hangeul〉

2 친구와 보기 의 글자를 사용해 빙고를 해 보세요.
Play BINGO with your friends using the letters of Example.

활동 방법 Activity Guide

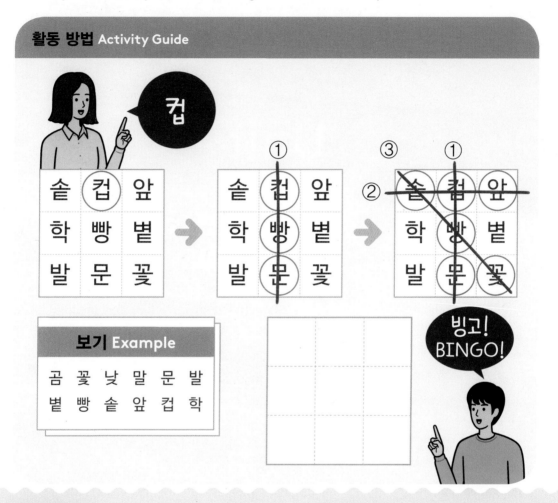

자기 평가 Self-evaluation

☑ 받침 'ㄴ', 'ㄷ, ㅅ, ㅆ, ㅈ, ㅊ, ㅌ, ㅎ', 'ㄹ'을 듣고 구별할 수 있다. 1 | 2 | 3 | 4 | 5
I can distinguish the final consonant sounds of 'ㄴ', 'ㄷ, ㅅ, ㅆ, ㅈ, ㅊ, ㅌ, ㅎ', 'ㄹ'.

☑ 받침 'ㄴ', 'ㄷ, ㅅ, ㅆ, ㅈ, ㅊ, ㅌ, ㅎ', 'ㄹ'을 정확하게 발음할 수 있다. 1 | 2 | 3 | 4 | 5
I can pronounce the final consonants of 'ㄴ', 'ㄷ, ㅅ, ㅆ, ㅈ, ㅊ, ㅌ, ㅎ', 'ㄹ' correctly.

☑ 받침 'ㄴ', 'ㄷ, ㅅ, ㅆ, ㅈ, ㅊ, ㅌ, ㅎ', 'ㄹ'이 포함된 단어를 읽고 쓸 수 있다. 1 | 2 | 3 | 4 | 5
I can read and write words that include the final consonants of 'ㄴ', 'ㄷ, ㅅ, ㅆ, ㅈ,
ㅊ, ㅌ, ㅎ', 'ㄹ'.

Unit
09

받침 ③

Final Consonant ③

학습 목표 Learning Objectives

1 받침 '리, ㄴㅈ, ㄴㅎ, ㄹㅂ, ㄹㅌ, ㄹㅎ, ㄹㅁ, ㅂㅅ'을 듣고 구별할 수 있다.
Distinguishing the final consonant sounds of '리, ㄴㅈ, ㄴㅎ, ㄹㅂ, ㄹㅌ, ㄹㅎ, ㄹㅁ, ㅂㅅ'.

2 받침의 연음 규칙을 이해하고 올바르게 적용하여 발음할 수 있다.
Understanding the liaison rules of final consonants and pronouncing
them properly.

3 받침 '리, ㄴㅈ, ㄴㅎ, ㄹㅂ, ㄹㅌ, ㄹㅎ, ㄹㅁ, ㅂㅅ'이 포함된 단어를 읽고 쓸 수 있다.
Reading and writing words that include the final consonants of '리, ㄴㅈ,
ㄴㅎ, ㄹㅂ, ㄹㅌ, ㄹㅎ, ㄹㅁ, ㅂㅅ'.

👄 듣고 따라 해 보세요. 🎧 9-0

Listen and repeat.

겹자음 받침 Final Consonant Cluster	받침소리 Final Consonant Sound	예 Example
❶ ㄺ	[ㄱ]	읽다, 닭 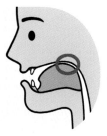
❷ ㄵ ❸ ㄶ	[ㄴ]	앉다, 얹다 많다, 괜찮다 
❹ ㄼ ❺ ㄿ ❻ ㅀ	[ㄹ]	짧다, 여덟 핥다, 훑다 끓다, 싫다 

겹자음 받침 Final Consonant Cluster	받침소리 Final Consonant Sound	예 Example
7 ㄹㅁ	[ㅁ]	닮다, 삶다 
8 ㅂㅅ	[ㅂ]	없다, 가엾다 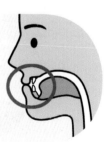

☾ key point

- 겹받침이 오면 정해진 하나의 자음을 선택해서 발음해요.
  Only one part of a final consonant cluster is pronounced.

- 이외에도 겹받침에는 'ㄳ, ㄾ, ㄿ'이 있지만, 일부 단어에서만 쓰여요.
  There are, in addition, final consonant clusters of 'ㄳ, ㄾ, ㄿ' but they are rarely used.

PART 1 | 학습 Learning

✏️ 소리 내어 읽고 따라 써 보세요. 🎧 9-1
Read the following words aloud and copy them.

✏️ 쓰기 연습장 41p

1 읽다 [익따] 읽기 [일끼]
read   reading

읽다/읽기

2 앉다 [안따]
sit

앉다

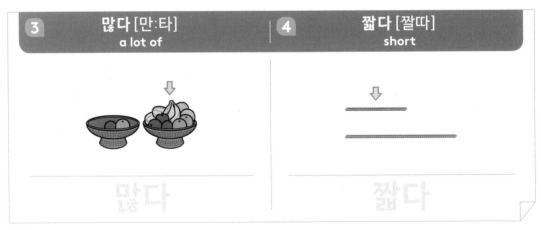

3 많다 [만:타]
a lot of

많다

4 짧다 [짤따]
short

짧다

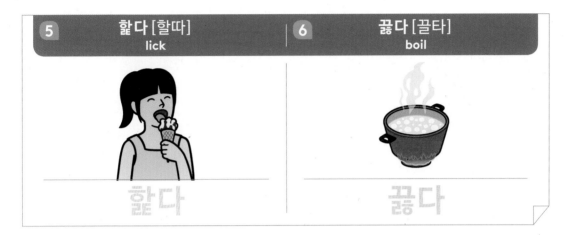

| 5 할다 [할따] lick | 6 끓다 [끌타] boil |

| 7 닮다 [담ː따] look like | 8 없다 [업ː따] there is no |

○ key point

● 겹받침은 놓인 환경이나 단어에 따라 다르게 소리가 나기도 해요.
Final consonant clusters sometimes make different sounds depending on their positional environment or words.

● [ː]은 'ː' 앞의 글자가 긴소리로 발음된다는 것을 나타내는 표시예요.
[ː] is a sign that indicates that the letter before [ː] is pronounced long.

1 듣고 순서대로 번호를 쓰세요. 🎧 [9-2]

Listen and write in the number in the right order.

(1) 닭	(2) 없다	(3) 괜찮다	(4) 여덟

(5) 훑다	(6) 싫다	(7) 삶다	(8) 가엾다

2 듣고 맞는 것을 고르세요. 🎧 [9-3]

Listen and choose the right one.

(1) ① 많다 　　② 앉다

(2) ① 읽다 　　② 없다

(3) ① 닮다 　　② 앉다

(4) ① 짧다 　　② 핥다

3 듣고 올바르게 발음한 것을 고르세요. 🎧 [9-4]

Listen and choose the number that is pronounced correctly.

(1) 끓다 　　① 　　　②

(2) 앉다 　　① 　　　②

(3) 읽다 　　① 　　　②

(4) 많다 　　① 　　　②

4 듣고 단어를 완성하세요.  🎧
Listen and complete the words.

(1) | 다 | 다 |

(2) | 이 | 다 |

(3) | 짜 | 다 |

(4) | 어 | 다 |

5 겹받침에서 받침소리로 발음이 나는 것에 표시하세요.
Circle the pronouncing part of a final consonant cluster.

보기 **Example**

닭

(1) **없다**

(2) **많다**

(3) **삶다**

6 그림을 보고 단어를 쓰세요.
Look at the pictures and write in the right words.

(1)

(2)

(3)

(4)

👄 듣고 따라 해 보세요. 🎧 9-6

Listen and repeat.

✏️ 쓰기 연습장 44p

1

안녕하세요.

한국어

[한:구거]

Korean

2

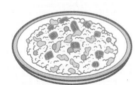

볶음밥

[보끔밥]

fried rice

3

읽어요

[일거요]

read

🔵 key point

● 받침 다음에 모음이 오면 받침을 다음 음절의 초성에 연음하여 발음해요.
When a vowel comes after a consonant, the consonant is linked to the initial sound of the following syllable.

● 겹받침 다음에 모음이 오면, 겹받침 중 앞의 자음으로 소리가 나고 뒤의 자음은 다음 음절의 초성에 연음하여 발음해요.
When a vowel comes after a final consonant cluster, the first part of the cluster make a sound, and the second part is linked to the initial sound of the following syllable.

4

앉아요

[안자요]

sit

5

끓어요

[끄러요]

It's boiling

6

괜찮아요

[괜차나요]

It's ok

⟨ key point

- 모음 앞에 'ㄶ', 'ㅀ'이 올 때는 각각 'ㄴ', 'ㄹ' 받침으로 발음되고, 'ㅎ' 발음은 사라져요.
  When 'ㄶ' and 'ㅀ' come before a vowel, they are pronounced as 'ㄴ' and 'ㄹ' respectively, and the sound of 'ㅎ' disappears.

PART 2 | 연습 Exercise

1 듣고 따라 읽으세요. 🎧 ⁹⁻⁷
Listen and repeat.

(1) 닭이 닭장에서 울어요.

(2) 짧은 연필과 짧지 않은 연필이 있어요.

2 듣고 맞으면 ○, 틀리면 X 하세요. 🎧 ⁹⁻⁸
Listen and mark ○ for the right answer and X for the wrong answer.

(1) 음악   (   )

(2) 한국어   (   )

(3) 끓어요   (   )

(4) 앉아요   (   )

3 발음으로 알맞은 것을 고르세요.
Choose the right sound.

(1) 볶음밥   ① [복금밥]   ② [보끔밥]

(2) 먹어요   ① [머거요]   ② [머커요]

(3) 읽어요   ① [일어요]   ② [일거요]

(4) 괜찮아요   ① [괜찬하요]   ② [괜차나요]

4 듣고 빈칸에 알맞은 단어를 쓰세요. 🎧 9-9
Listen and write the right word in the blank.

(1) ☐☐☐   ☐☐ 책을 샀어요.

(2) 학생 ☐☐   명이 의자에 ☐☐☐ .

5 읽고 연음이 되는 것을 찾아 모두 표시하세요.
Read the following sentences and mark all the linking sounds.

한국어를 공부하는 것은 재미있어요.

저는 이제 한글을 읽어요.

6 밑줄 친 부분을 고치세요.
Correct the underlined word.

(1) 물이 <u>끄러요</u>.   (→   )

(2) 의자에 <u>안자요</u>.   (→   )

(3) 아침에 <u>달기</u> 울어요.   (→   )

(4) <u>한구거는</u> 재미있어요.   (→   )

PART 3 | 활동 Activities

1 그림에 알맞게 자음 카드를 받침 자리에 넣고 읽어 보세요. 활동지 10p

Put the appropriate consonant cards at the place of the final consonant and read the word.

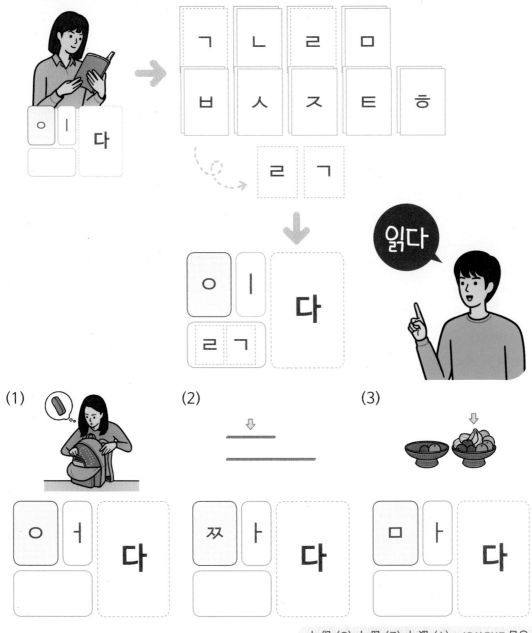

2 친구와 보기 를 번갈아 읽어 보세요. 🎧 9-10
Take turns reading Example with your friend.

활동 방법 Activity Guide

보기 Example
① 읽다 – 읽어요　② 싫다 – 싫어요　③ 삶다 – 삶아요　④ 끓다 – 끓어요
⑤ 핥다 – 핥아요　⑥ 훑다 – 훑어요　⑦ 앉다 – 앉아요　⑧ 괜찮다 – 괜찮아요

자기 평가 Self-evaluation

✅ 받침 '리, ㄴㅈ, ㄴㅎ, ㄹㅂ, ㄹㅌ, ㄹㅎ, ㄹㅁ, ㅄ'을 듣고 구별할 수 있다.　1 | 2 | 3 | 4 | 5
I can distinguish the final consonant sounds of '리, ㄴㅈ, ㄴㅎ, ㄹㅂ, ㄹㅌ, ㄹㅎ, ㄹㅁ, ㅄ'.

✅ 받침의 연음 규칙을 이해하고 올바르게 적용하여 발음할 수 있다.　1 | 2 | 3 | 4 | 5
I can understand the liaison rules of final consonants and pronounce them properly.

✅ 받침 '리, ㄴㅈ, ㄴㅎ, ㄹㅂ, ㄹㅌ, ㄹㅎ, ㄹㅁ, ㅄ'이 포함된 단어를 읽고 쓸 수 있다.　1 | 2 | 3 | 4 | 5
I can read and write words that include the final consonants of '리, ㄴㅈ, ㄴㅎ, ㄹㅂ, ㄹㅌ, ㄹㅎ, ㄹㅁ, ㅄ'.

듣기 지문 · 정답

Listening Script ● Answers

1과 모음 ① Vowel ①

■ **학습 PART 1** Learning PART 1 　　Track 1-0

(1) 아
(2) 어
(3) 오
(4) 우
(5) 으
(6) 이
(7) 애
(8) 에

■ **연습 PART 1** Exercise PART 1

1. Track 1-1 　　　　　　　　　　　18p

'아'
'이'
'오'
'으'
'우'
'아'

2. Track 1-2 　　　　　　　　　　　18p

(1) 어
(2) 이
(3) 우
(4) 에

3. Track 1-3 　　　　　　　　　　　18p

(1) 애
(2) 오
(3) 우
(4) 에

4. Track 1-4 　　　　　　　　　　　19p

'아'
'으'
'오'
'에'
'어'
'우'
'이'

5. Track 1-5 　　　　　　　　　　　19p

(1) 우
(2) 애
(3) 우, 어
(4) 이, 어

6. Track 1-6 　　　　　　　　　　　19p

(1) 오, 이
(2) 우, 으
(3) 어, 에
(4) 으, 어

■ **학습 PART 2** Learning PART 2 　　Track 1-7

(1) 이
(2) 오
(3) 아이
(4) 오이
(5) 아우
(6) 우애

■ 연습 PART 2 Exercise PART 2

1. Track 1-8   22p

(1) 오
(2) 아우
(3) 오이
(4) 우애

3. Track 1-9   22p

(1) 어
(2) 우
(3) 이
(4) 아

4. Track 1-10   23p

(1) 오
(2) 아우
(3) 아이
(4) 우애

2과 모음 ② Vowel ❷

■ 학습 PART 1 Learning PART 1   Track 2-0

(1) 야
(2) 여
(3) 요
(4) 유
(5) 얘
(6) 예

■ 연습 PART 1 Exercise PART 1

1. Track 2-1   30p

(1) 얘, 유, 요, 여, 야
(2) 요, 예, 야, 유, 여
(3) 여, 야, 유, 예, 요
(4) 야, 얘, 여, 요, 유

2. Track 2-2   30p

(1) 야
(2) 애
(3) 유
(4) 요

3. Track 2-3   30p

'유'
'여'
'야'
'예'
'요'

4. Track 2-4   31p

보기   요, 오

(1) 에, 여
(2) 유, 으
(3) 야, 예

5. Track 2-5   31p

(1) 요
(2) 야
(3) 아, 예
(4) 유, 얘

6. Track 2-6   31p

(1) 야, 여

(2) 요, 유

(3) 여, 유

(4) 예, 요

■ **학습 PART 2** Learning PART 2   Track 2-7

(1) 아야

(2) 여우

(3) 요요

(4) 우유

(5) 여유

(6) 이유

■ **연습 PART 2** Exercise PART 2

1. Track 2-8   34p

(1) 요요

(2) 여유

(3) 이유

(4) 우유

3. Track 2-9   34p

(1) 요

(2) 유

(3) 여

(4) 야

4. Track 2-10   35p

(1) 여유

(2) 이유

(3) 아야

(4) 요요

3과 자음 ① Consonant ❶

■ **학습 PART 1** Learning PART 1   Track 3-0

(1) 흐

(2) 그

(3) 크

(4) 스

(5) 즈

(6) 츠

Track 3-1   41p

(1) 흐 / 하, 햐, 허, 혀, 호, 효, 후, 휴, 흐, 히, 헤, 혜

(2) 그 / 가, 갸, 거, 겨, 고, 교, 구, 규, 그, 기, 게, 계

(3) 크 / 카, 캬, 커, 켜, 코, 쿄, 쿠, 큐, 크, 키, 케, 켸

(4) 스 / 사, 샤, 서, 셔, 소, 쇼, 수, 슈, 스, 시, 세, 세

(5) 즈 / 자, 쟈, 저, 져, 조, 죠, 주, 쥬, 즈, 지, 제, 졔

(6) 츠 / 차, 챠, 처, 쳐, 초, 쵸, 추, 츄, 츠, 치, 체

■ **연습 PART 1** Exercise PART 1

1. Track 3-2   42p

'즈'

'크'

'스'

'흐'

'그'

'츠'

2. Track 3-3 42p

(1) 구

(2) 카

(3) 스

(4) 채

3. Track 3-4 42p

(1) 커

(2) 사

(3) 초

(4) 효

4. Track 3-5 43p

(1) 해

(2) 자

(3) 사자

(4) 채재기

5. Track 3-6 43p

'거'

'저'

'교'

'쿄'

'쵸'

'헤'

'제'

6. Track 3-7 43p

(1) 가자

(2) 소수

(3) 고지

(4) 제주

■ 학습 PART 2 Learning PART 2　　Track 3-8

(1) 가구

(2) 기구

(3) 코

(4) 키

(5) 세수

(6) 셔츠

(7) 치즈

(8) 후추

(9) 휴지

■ 연습 PART 2 Exercise PART 2

1. Track 3-9 46p

(1) 키

(2) 기구

(3) 셔츠

(4) 휴지

3. Track 3-10 46p

(1) 코

(2) 세수

(3) 가구

(4) 치즈

4. Track 3-11   47p

(1) 키가 아주 커요.
(2) 초코 쿠키 주세요.

4과 자음 ② Consonant ❷

■ 학습 PART 1 Learning PART 1   Track 4-0

(1) 느
(2) 드
(3) 트
(4) 르
(5) 므
(6) 브
(7) 프

Track 4-1   53p

(1) 느 / 나, 냐, 너, 녀, 노, 뇨, 누, 뉴, 느, 니, 네, 네
(2) 드 / 다, 댜, 더, 뎌, 도, 됴, 두, 듀, 드, 디, 데
(3) 트 / 타, 탸, 터, 텨, 토, 툐, 투, 튜, 트, 티, 테, 톄
(4) 르 / 라, 랴, 러, 려, 로, 료, 루, 류, 르, 리, 레, 례
(5) 므 / 마, 먀, 머, 며, 모, 묘, 무, 뮤, 므, 미, 메, 몌
(6) 브 / 바, 뱌, 버, 벼, 보, 뵤, 부, 뷰, 브, 비, 베
(7) 프 / 파, 퍄, 퍼, 펴, 포, 표, 푸, 퓨, 프, 피, 페, 폐

■ 연습 PART 1 Exercise PART 1

1. Track 4-2   54p

'프'
'드'
'르'
'므'
'느'
'브'
'트'

2. Track 4-3   54p

(1) 노
(2) 트
(3) 메
(4) 바

3. Track 4-4   54p

(1) 투
(2) 너
(3) 배
(4) 디

4. Track 4-5   55p

(1) 부
(2) 배
(3) 나라
(4) 토도리

5. Track 4-6   55p

'프'

'내'

'비'

'튜'

'려'

'표'

6. Track 4-7 55p

(1) 나도

(2) 두부

(3) 파도

(4) 타래

■ 학습 PART 2 Learning PART 2　Track 4-8

(1) 나비

(2) 노래

(3) 두부

(4) 토마토

(5) 매미

(6) 머리

(7) 바다

(8) 파티

(9) 퓨마

■ 연습 PART 2 Exercise PART 2

1. Track 4-9 58p

(1) 머리

(2) 퓨마

(3) 바다

(4) 두부

3. Track 4-10 58p

(1) 파티

(2) 노래

(3) 매미

(4) 나비

4. Track 4-11 59p

(1) 머리가 아파요.

(2) 모두 노래해요.

5과 모음 ③ Vowel ❸

■ 학습 PART 1 Learning PART 1　Track 5-0

(1) 와

(2) 워

(3) 웨, 왜, 외

(4) 위

(5) 의

■ 연습 PART 1 Exercise PART 1

1. Track 5-1 66p

(1) 와, 워, 의, 웨, 위

(2) 위, 외, 워, 의, 와

(3) 의, 와, 위, 워, 외

(4) 왜, 의, 와, 위, 워

2. Track 5-2 66p

(1) 와

듣기 지문 Listening Script

(2) 위

(3) 워

(4) 외

3. Track 5-3   66p

'와'

'위'

'의'

'워'

'웨'

4. Track 5-4   67p

보기   워, 의

(1) 워, 웨

(2) 외, 위

(3) 와, 의

5. Track 5-5   67p

(1) 위

(2) 워

(3) 워, 외

(4) 웨, 의

6. Track 5-6   67p

(1) 와, 왜

(2) 위, 워

(3) 웨, 외

(4) 와, 의

■ **학습 PART 2** Learning PART 2   Track 5-7

(1) 과자

(2) 샤워

(3) 스웨터

(4) 돼지

(5) 귀

(6) 회의

■ **연습 PART 2** Exercise PART 2

1. Track 5-8   70p

(1) 귀

(2) 돼지

(3) 가자

(4) 회의

3. Track 5-9   70p

(1) 의

(2) 위

(3) 와

(4) 워

4. Track 5-10   71p

(1) 돼지

(2) 샤워

(3) 회의

(4) 과자

5. Track 5-11   71p

(1) 무늬[무니], 의사[의사]

(2) 유희[유히], 무늬[무니]

(3) 의사[의사], 의자[의자]

(4) 의자[의자], 띄어쓰기[띠어쓰기/띠여쓰기]

6과 자음 ③ Consonant ③

■ 학습 PART 1 Learning PART 1　　Track 6-0

(1) 끄
(2) 뜨
(3) 쁘
(4) 쓰
(5) 쯔

Track 6-1　　　　　　　　77p

(1) 끄 / 까, 꺄, 꺼, 껴, 꼬, 꾜, 꾸, 뀨, 끄, 끼, 께
(2) 뜨 / 따, 땨, 떠, 뗘, 또, 뚀, 뚜, 뜌, 뜨, 띠, 떼
(3) 쁘 / 빠, 뺘, 뻐, 뼈, 뽀, 뾰, 뿌, 쀼, 쁘, 삐, 뻬
(4) 쓰 / 싸, 쌰, 써, 쎠, 쏘, 쑈, 쑤, 쓔, 쓰, 씨, 쎄
(5) 쯔 / 짜, 쨔, 쩌, 쪄, 쪼, 쬬, 쭈, 쮸, 쯔, 찌, 쩨

■ 연습 PART 1 Exercise PART 1

1. Track 6-2　　　　　　78p

'쯔'
'쓰'
'뜨'
'쁘'
'끄'

2. Track 6-3　　　　　　78p

(1) 까
(2) 쓰
(3) 뽀
(4) 띠

3. Track 6-4　　　　　　78p

(1) 크
(2) 더
(3) 빼
(4) 쭈

4. Track 6-5　　　　　　79p

(1) 뼈
(2) 재
(3) 타다
(4) 꼬끼오

5. Track 6-6　　　　　　79p

'까'
'쏘'
'끼'
'뜨'
'뿌'
'쩌'

6. Track 6-7　　　　　　79p

(1) 고소
(2) 빼다
(3) 주스
(4) 토끼

■ 학습 PART 2 Learning PART 2　　Track 6-8

(1) 고리
(2) 꼬리
(3) 데다

(4) 떼다

(5) 부리

(6) 뿌리

(7) 사다

(8) 싸다

(9) 자다

(10) 차다

(11) 짜다

■ **연습 PART 2** Exercise PART 2

1. Track 6-9   83p

(1) 꼬리

(2) 데다

(3) 부리

(4) 싸다

3. Track 6-10   83p

(1) 짜다

(2) 뿌리

(3) 꼬리

(4) 떼다

4. Track 6-11   84p

(1) 모자가 예쁘고 싸요. 그래서 하나 사요.

(2) 피자가 너무 짜요.

7과 받침① Final Consonant❶

■ **학습 PART 1** Learning PART 1   Track 7-0

(1) 응

(2) 윽

(3) 음

(4) 읍

Track 7-1   91p

(1) 가-앙, 강

(2) 더-억, 덕

(3) 소-옴, 솜

(4) 추-웁, 춥

■ **연습 PART 1** Exercise PART 1

1. Track 7-2   92p

'윽'

'읍'

'응'

'음'

2. Track 7-3   92p

(1) 강

(2) 숲

(3) 펌

(4) 억

3. Track 7-4   92p

(1) 읍

(2) 밖

(3) 곡

(4) 팀

4. Track 7-5   93p

'햅'

'돔'

'금'

'칩'

'동'

'행'

5. Track 7-6   93p

(1) 감다

(2) 부엌

(3) 익다

(4) 금지

6. Track 7-7   93p

(1) 강당

(2) 사람

(3) 혹시

(4) 공장

■ 학습 PART 2 Learning PART 2   Track 7-8

(1) 빵

(2) 양궁

(3) 수박

(4) 부엌

(5) 낚시

(6) 컴퓨터

(7) 솜사탕

(8) 컵

(9) 무릎

■ 연습 PART 2 Exercise PART 2

1. Track 7-9   98p

(1) 컵

(2) 무릎

(3) 양궁

(4) 솜사탕

3. Track 7-10   98p

(1) 빵

(2) 낚시

(3) 수박

(4) 컴퓨터

4. Track 7-11   99p

(1) 풍덩풍덩 소리가 나요.

(2) 아이가 첨벙첨벙 수영해요.

8과 받침② Final Consonant②

■ 학습 PART 1 Learning PART 1   Track 8-0

(1) 은

(2) 읕

(3) 을

Track 8-1   105p

(1) 나-안, 난
(2) 드-은, 든 / 가-앝, 같
(3) 서-얼, 설

■ 연습 PART 1 Exercise PART 1

1. Track 8-2   106p

'은'
'을'
'읃'

2. Track 8-3   106p

(1) 볼
(2) 끝
(3) 컨
(4) 듣

3. Track 8-4   106p

(1) 은
(2) 찼
(3) 돌
(4) 쌀

4. Track 8-5   107p

'달'
'같'
'샀'
'설'
'펐'
'젠'

5. Track 8-6   107p

(1) 듣다
(2) 간다
(3) 믿다
(4) 닿다

6. Track 8-7   107p

(1) 날개
(2) 샀다
(3) 진달래
(4) 돗단배

■ 학습 PART 2 Learning PART 2   Track 8-8

(1) 신문
(2) 받침
(3) 그릇
(4) 햇볕
(5) 낮
(6) 꽃다발
(7) 놓치다
(8) 전기밥솥
(9) 얼룩말

■ 연습 PART 2 Exercise PART 2

1. Track 8-9   112p

(1) 신문
(2) 그릇
(3) 얼룩말
(4) 받침

2. Track 8-10   112p

(1) 신문
(2) 햇볕
(3) 받침
(4) 놓치다

3. Track 8-11   112p

(1) 내가 그린 기린 그림
(2) 얼룩말 무늬 그릇

9과 받침③ Final Consonant③

■ 학습 PART 1 Learning PART 1   Track 9-0

(1) 읽다, 닭
(2) 앉다, 얹다
(3) 많다, 괜찮다
(4) 짧다, 여덟
(5) 핥다, 훑다
(6) 끓다, 싫다
(7) 닮다, 삶다
(8) 없다, 가엾다

Track 9-1   120p

(1) 읽다, 읽기
(2) 앉다
(3) 많다
(4) 짧다
(5) 핥다
(6) 끓다

(7) 닭다
(8) 없다

■ 연습 PART 1 Exercise PART 1

1. Track 9-2   122p

'삶다'
'훑다'
'얹다'
'닭'
'괜찮다'
'가엾다'
'싫다'
'여덟'

2. Track 9-3   122p

(1) 많다
(2) 없다
(3) 앉다
(4) 핥다

3. Track 9-4   122p

(1) ① [끌타] ② [끈따]
(2) ① [안따] ② [알따]
(3) ① [일따] ② [익따]
(4) ① [맏따] ② [만:타]

4. Track 9-5   123p

(1) 닭다
(2) 읽다
(3) 짧다
(4) 없다

■ **학습 PART 2** Learning PART 2   Track 9-6

(1) 한국어

(2) 볶음밥

(3) 읽어요

(4) 앉아요

(5) 끓어요

(6) 괜찮아요

■ **연습 PART 2** Exercise PART 2

1. Track 9-7   126p

(1) 닭이 닭장에서 울어요.

(2) 짧은 연필과 짧지 않은 연필이 있어요.

2. Track 9-8   126p

(1) 음악

(2) 한국어

(3) 끌허요

(4) 안아요

4. Track 9-9   127p

(1) 한국어 읽기 책을 샀어요.

(2) 학생 여덟 명이 의자에 앉아요.

■ **활동** Activities

2. Track 9-10   129p

① 읽다, 읽어요

② 싫다, 싫어요

③ 삶다, 삶아요

④ 끓다, 끓어요

⑤ 핥다, 핥아요

⑥ 훑다, 훑어요

⑦ 앉다, 앉아요

⑧ 괜찮다, 괜찮아요

쓰기 연습장 자모음 표
Writing Practice Sheets
-Table of Consonants and Vowels

Track 10-0   책 속의 책 3p

기역

니은

디귿

리을

미음

비읍

시옷

이응

지읒

치읓

키읔

티읕

피읖

히읗

쌍기역

쌍디귿

쌍비읍

쌍시옷

쌍지읒

정답 Answers

1과 모음①　Vowel①

■ 연습 PART 1 Exercise PART 1　　18p

1.

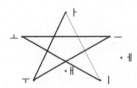

2. (1) ① (2) ② (3) ② (4) ①

3. (1) ㅐ (2) ㅗ (3) ㅜ (4) ㅔ

4. (1) ⑤ (2) ③ (3) ⑥ (4) ② (5) ⑦ (6) ④

5. (1) X (2) ○ (3) X (4) ○

6. (1) ② (2) ① (3) ② (4) ②

■ 연습 PART 2 Exercise PART 2　　22p

1. (1) ② (2) ② (3) ① (4) ①

2. (1) ② (2) ① (3) ② (4) ②

3. (1) 어 (2) 우 (3) 이 (4) 아

4. (1) 오 　(2) 아 우

(3) 아 이 　(4) 우 애

5. (1) 이 (2) 아우 (3) 오이 (4) 아이

2과 모음②　Vowel②

■ 연습 PART 1 Exercise PART 1　　30p

1. (없음) None

2. (1) ② (2) ① (3) ② (4) ②

3. (1) ③ (2) ② (3) ⑤ (4) ① (5) ④

4. (1) ㅛ ㅕ／ㅖ ㅖ　(2) ㅓ ㅜ／ㅠ ㅡ (circled)　(3) ㅑ ㅖ (circled)／ㅏ ㅐ

5. (1) ○ (2) X (3) X (4) ○

6. (1) ② (2) ② (3) ① (4) ①

■ 연습 PART 2 Exercise PART 2　　34p

1. (1) ① (2) ① (3) ② (4) ②

2. (1) ① (2) ② (3) ① (4) ②

3. (1) 요 (2) 유 (3) 여 (4) 야

4. (1) 여 유 　(2) 이 유

(3) 아 야 　(4) 요 요

5. (1) 이유 (2) 여우 (3) 우유 (4) 여유

3과 자음①　Consonant①

■ 연습 PART 1 Exercise PART 1　　42p

1. (1) ④ (2) ⑤ (3) ② (4) ③ (5) ① (6) ⑥

2. (1) ② (2) ② (3) ① (4) ②

3. (1) 커 (2) 사 (3) 초 (4) 효

4. (1) X (2) X (3) ○ (4) X

5.

허	거	커	서	저	처
효	교	쿄	쇼	조	쵸
헤	게	케	세	제	체

6. (1) ① (2) ② (3) ① (4) ②

■ **연습 PART 2** Exercise PART 2　46p

1. (1) ② (2) ② (3) ① (4) ②

2. (1) ① (2) ① (3) ② (4) ①

3. (1) | 코 |　(2) | 세 수 |

(3) | 가 구 |　(4) | 치 즈 |

4. (1) 키, 커요 (2) 초코, 쿠키

5. (1) 가구 (2) 휴지 (3) 셔츠 (4) 후추

4과 자음② Consonant②

■ **연습 PART 1** Exercise PART 1　54p

1. (1) ⑤ (2) ② (3) ⑦ (4) ③ (5) ④
　(6) ⑥ (7) ①

2. (1) ① (2) ② (3) ① (4) ①

3. (1) 투 (2) 너 (3) 배 (4) 디

4. (1) X (2) ○ (3) ○ (4) X

5.

ⓟ	냐		ⓝ	묘
	ⓑ	ⓣ	내	
ⓡ		터	ⓟ	데

6. (1) ① (2) ② (3) ① (4) ②

■ **연습 PART 2** Exercise PART 2　58p

1. (1) ○ (2) X (3) X (4) ○

2. (1) ① (2) ① (3) ① (4) ②

3. (1) 파 티 　(2) 노 래

(3) 매 미 　(4) 나 비

4. (1) 머리, 아파요 (2) 모두, 노래

5. (1) 바다 (2) 매미 (3) 퓨마 (4) 토마토

5과 모음③ Vowel③

■ **연습 PART 1** Exercise PART 1　66p

1. (없음) None

2. (1) ① (2) ② (3) ② (4) ①

3. (1) ① (2) ④ (3) ⑤ (4) ② (5) ③

4. (1) 　(2) 　(3)

5. (1) ○ (2) X (3) ○ (4) X

6. (1) ② (2) ① (3) ② (4) ①

■ **연습 PART 2** Exercise PART 2　70p

1. (1) ① (2) ① (3) ② (4) ①

2. (1) ② (2) ① (3) ① (4) ①

3. (1) 의 (2) 위 (3) 와 (4) 워

4. (1) | 돼 지 |　(2) | 샤 워 |

(3) | 회 의 |　(4) | 과 자 |

5. (1) X (2) ○ (3) ○ (4) X

6. (1) 스웨터 (2) 회의 (3) 귀 (4) 과자

6과 자음③ Consonant③

■ 연습 PART 1 Exercise PART 1　78p

1. (1) ⑤ (2) ③ (3) ④ (4) ② (5) ①

2. (1) ① (2) ① (3) ② (4) ①

3. (1) 크 (2) 더 (3) 빼 (4) 쭈

4. (1) ○ (2) X (3) X (4) ○

5.

까	꺼	꼬	꾸	쏘	끼
띠	뜨	뚜	또	떠	뿌
뽀	쩌	쏘	쪼	꺄	쓰

6. (1) ② (2) ② (3) ② (4) ①

■ 연습 PART 2 Exercise PART 2　83p

1. (1) ② (2) ① (3) ① (4) ②

2. (1) ① (2) ② (3) ② (4) ②

3. (1) 짜 다 (2) 뿌 리 (3) 꼬 리 (4) 떼 다

4. (1) 싸요, 사요 (2) 피자, 짜요

5. (1) ① (2) ④ (3) ③ (4) ②

6. (1) 떼다 (2) 꼬리 (3) 싸다 (4) 뿌리
　　(5) 고리 (6) 데다

7과 받침① Final Consonant①

■ 연습 PART 1 Exercise PART 1　92p

1. (1) ③ (2) ① (3) ④ (4) ②

2. (1) ① (2) ② (3) ① (4) ②

3. (1) 읍 (2) 밖 (3) 곡 (4) 팀

4.

5. (1) ① (2) ② (3) ② (4) ①

6. (1) ② (2) ① (3) ① (4) ①

■ 연습 PART 2 Exercise PART 2　98p

1. (1) ② (2) ① (3) ① (4) ②

2. (1) ② (2) ② (3) ② (4) ①

3. (1) 빵 (2) 낚 시 (3) 수 박 (4) 컴 퓨 터

4. (1) 퐁당퐁당 (2) 첨벙첨벙

5. (1) 낚시 (2) 무릎 (3) 양궁 (4) 컴퓨터

8과 받침② Final Consonant②

■ 연습 PART 1 Exercise PART 1　106p

1. (1) ① (2) ③ (3) ②

2. (1) ② (2) ① (3) ① (4) ①

3. (1) 은 (2) 찻 (3) 돌 (4) 쌍

4.

담	달	같	갈	돌	덜
전	살	샀	알	안	앉
설	절	펄	펐	젠	잿

5. (1) ① (2) ② (3) ② (4) ②

6. (1) ② (2) ② (3) ② (4) ①

■ 연습 PART 2 Exercise PART 2　　112p

1. (1) ① (2) ① (3) ② (4) ②

2. (1) | 신 문 |　(2) | 햇 볕 |

(3) | 받 침 |　(4) | 놓 치 다 |

3. (1) 그린, 그림 (2) 얼룩말, 그릇

4.

각	돋	었			밭
난			칩	놓	할
	꽃	침		닭	것

5. (1) 그릇 (2) 얼룩말 (3) 꽃다발 (4) 전기밥솥

9과 받침③ Final Consonant③

■ 연습 PART 1 Exercise PART 1　　122p

1. (1) ④ (2) ③ (3) ⑤ (4) ⑧
　　(5) ② (6) ⑦ (7) ① (8) ⑥

2. (1) ① (2) ② (3) ② (4) ②

3. (1) ① (2) ① (3) ② (4) ②

4. (1) | 닭 다 |　(2) | 읽 다 |

(3) | 짧 다 |　(4) | 없 다 |

5. (1) 없다 (2) 많다 (3) 삶다

6. (1) 끓다 (2) 핥다 (3) 앉다 (4) 닭다

■ 연습 PART 2 Exercise PART 2　　126p

1. (없음) (None)

2. (1) ○ (2) ○ (3) X (4) X

3. (1) ② (2) ① (3) ② (4) ②

4. (1) 한국어, 읽기 (2) 여덟, 앉아요

5.

　　한국어를 공부하는 것은 재미있어요.
　　저는 이제 한글을 읽어요.

6. (1) 끓어요 (2) 앉아요 (3) 닭이 (4) 한국어는

어

응

어

으

흐

아

아

아

1과 모음① Vowel 1 24쪽 1번

이	애

2과 모음② Vowel 2 36쪽 1번

야	여	요	우
이			

3과 자음① Consonant 1 49쪽 2번

가구

세수

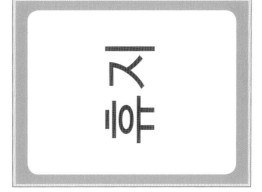

휴지

키

휴차

퀴

치즈

기구

세츠

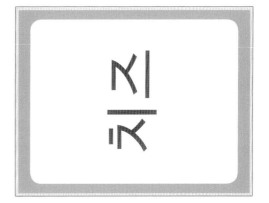

61쪽 2번

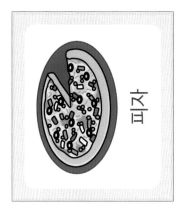

피자

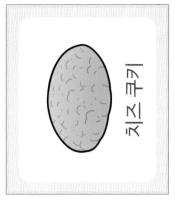

치즈 쿠키

포도 주스

토마토 스파게티

초코 쿠키

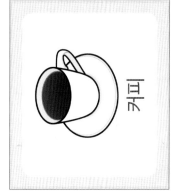

커피

소고기 스테이크

호두 파이

사이다

4과 자음 ② Consonant ②

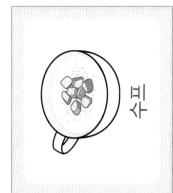

수프

바나나 케이크

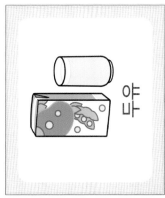

두유

스웨터

샤워

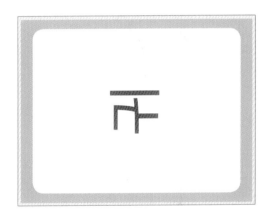

과자

86쪽 1번

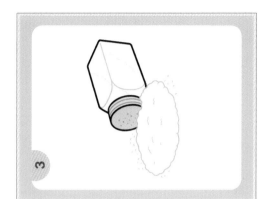

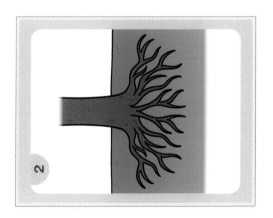

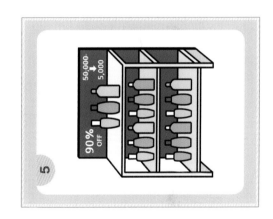

6과 자음 ③ Vowel ③

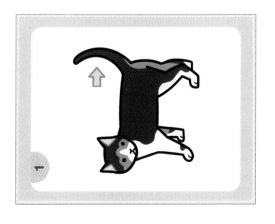

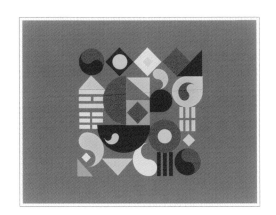

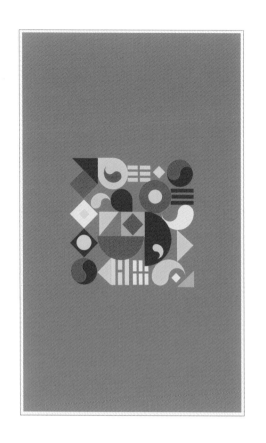
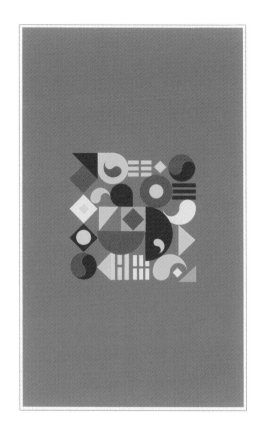
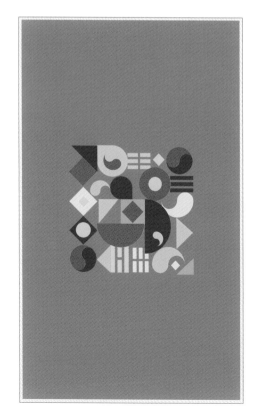
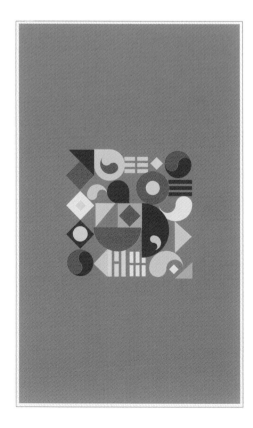

까 쑤
뚜 큐
쎄 테

또 쪼
루 쑤
쓰 외

냐 때
뿌 루
큐 파

꼬 끄
큐 가
뚜 빠

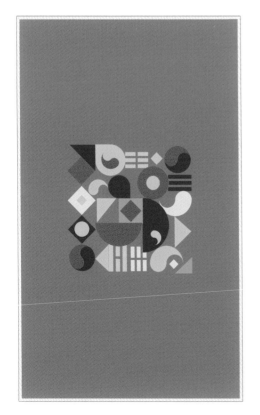

쓰 쪄

더 큐

쳐 노

노 파

또 워

뚜 가

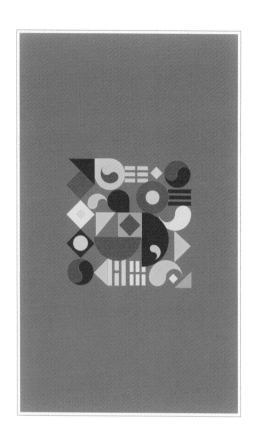
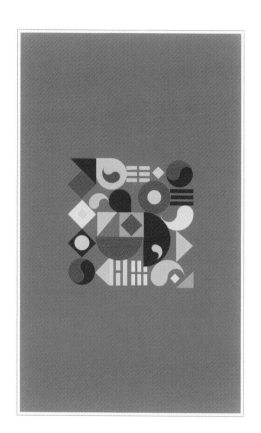
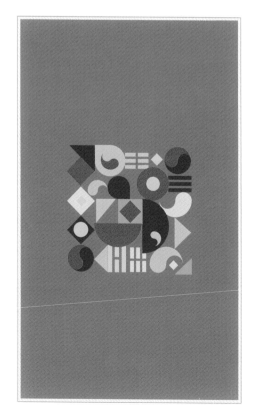
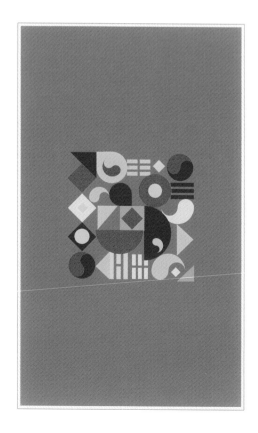

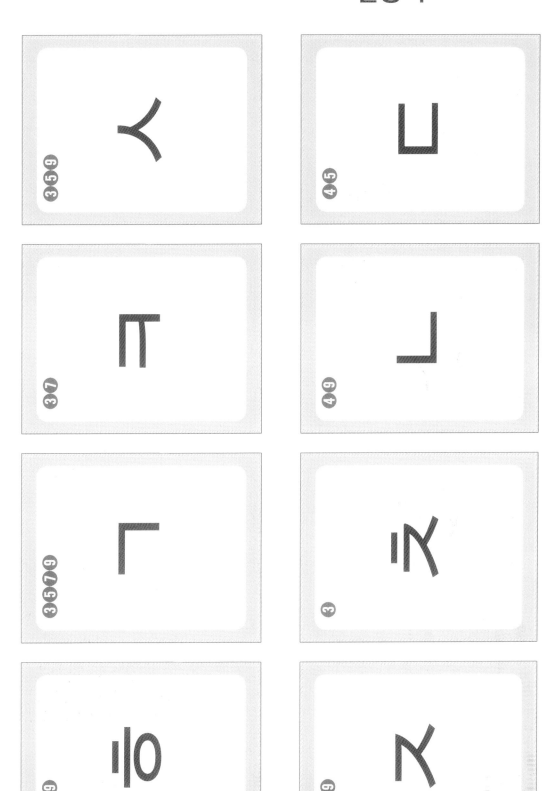

! The number on the Letter Card refers to the Unit. Use the card when you study the unit.

10

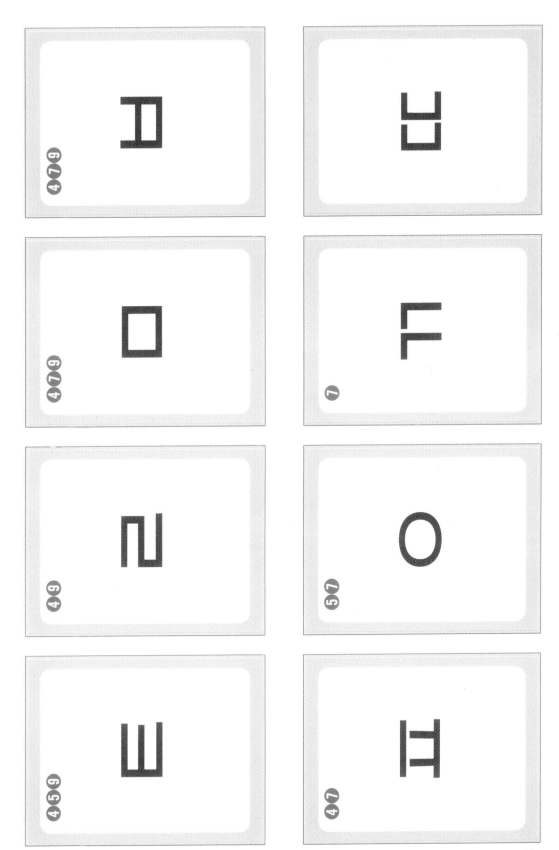

! The number on the Letter Card refers to the Unit. Use the card when you study the unit.

⑪

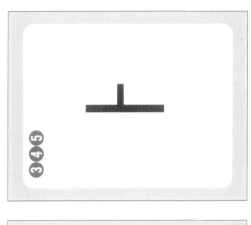

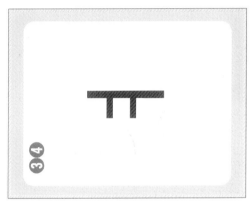

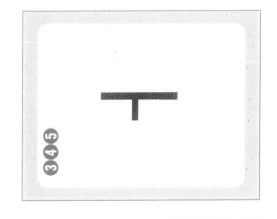

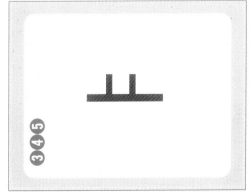

! The number on the Letter Card refers to the Unit. Use the card when you study the unit.

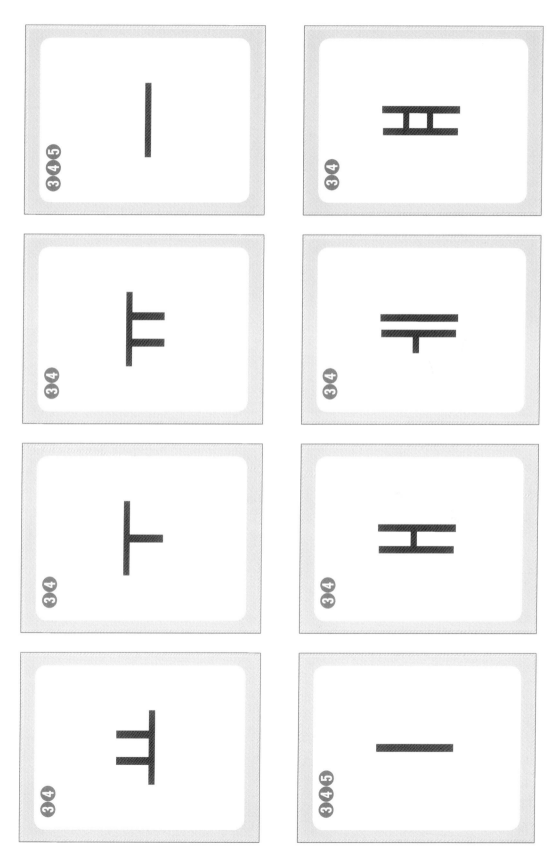

! The number on the Letter Card refers to the Unit. Use the card when you study the unit.

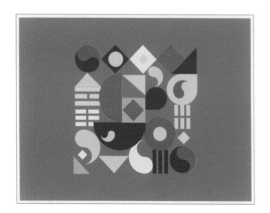

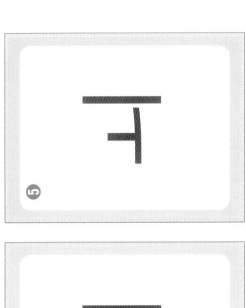

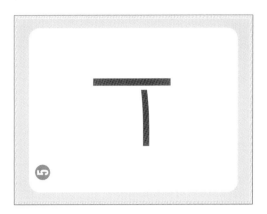

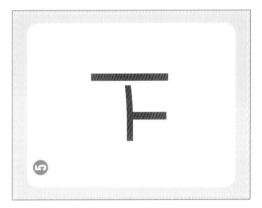

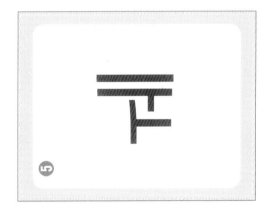

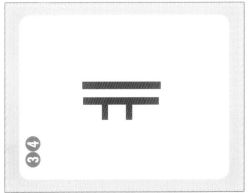

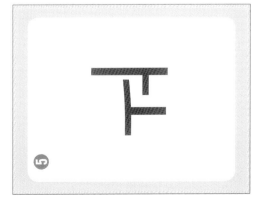

! The number on the Letter Card refers to the Unit. Use the card when you study the unit.

MY FIRST KOREAN ALPHABET

똑똑

Knock-Knock **KOREAN**

한국어

한글파크

MY FIRST KOREAN ALPHABET

똑똑

Knock-Knock KOREAN

한국어

쓰기 연습장

Writing Practice Sheets

한글파크

모음 자음	ㅏ	ㅑ	ㅓ	ㅕ	ㅗ	ㅛ	ㅜ	ㅠ	ㅡ	ㅣ
ㄱ	가	갸	거	겨	고	교	구	규	그	기
ㄴ	나	냐	너	녀	노	뇨	누	뉴	느	니
ㄷ	다	댜	더	뎌	도	됴	두	듀	드	디
ㄹ	라	랴	러	려	로	료	루	류	르	리
ㅁ	마	먀	머	며	모	묘	무	뮤	므	미
ㅂ	바	뱌	버	벼	보	뵤	부	뷰	브	비
ㅅ	사	샤	서	셔	소	쇼	수	슈	스	시
ㅇ	아	야	어	여	오	요	우	유	으	이
ㅈ	자	쟈	저	져	조	죠	주	쥬	즈	지
ㅊ	차	챠	처	쳐	초	쵸	추	츄	츠	치
ㅋ	카	캬	커	켜	코	쿄	쿠	큐	크	키
ㅌ	타	탸	터	텨	토	툐	투	튜	트	티
ㅍ	파	퍄	퍼	펴	포	표	푸	퓨	프	피

모음 자음	ㅏ	ㅑ	ㅓ	ㅕ	ㅗ	ㅛ	ㅜ	ㅠ	ㅡ	ㅣ
ㅎ	하	햐	허	혀	호	효	후	휴	흐	히
ㄲ	까	꺄	꺼	껴	꼬	꾜	꾸	뀨	끄	끼
ㄸ	따	땨	떠	뗘	또	뚀	뚜	뜌	뜨	띠
ㅃ	빠	뺘	뻐	뼈	뽀	뾰	뿌	쀼	쁘	삐
ㅆ	싸	쌰	써	쎠	쏘	쑈	쑤	쓔	쓰	씨
ㅉ	짜	쨔	쩌	쪄	쪼	쬬	쭈	쮸	쯔	찌

• 자음에는 각 자음자를 부르는 이름이 있습니다. 듣고 따라 읽어 보세요.
Consonants have names for each consonant. Listen and read along.

자음 consonant	ㄱ	ㄴ	ㄷ	ㄹ	ㅁ	ㅂ	ㅅ	ㅇ	ㅈ	ㅊ
명칭 name	기역	니은	디귿	리을	미음	비읍	시옷	이응	지읒	치읓

자음 consonant	ㅋ	ㅌ	ㅍ	ㅎ	ㄲ	ㄸ	ㅃ	ㅆ	ㅉ
명칭 name	키읔	티읕	피읖	히읗	쌍기역	쌍디귿	쌍비읍	쌍시옷	쌍지읒

1과 모음 ① Vowel ❶

📖 본문 21p

이						
오						

아이			
오이			
아우			
우애			

아야				
여우				
요요				
우유				
여유				
이유				

3과 자음 ① Consonant ❶

📖 본문 44p

하									
햐									
허									
혀									
호									
효									
후									
휴									
흐									
히									
해									
헤									
혜									
가									

갸									
거									
겨									
고									
교									
구									
규									
그									
기									
개									
게									
걔									
계									
카									

캬							
커							
켜							
코							
쿄							
쿠							
큐							
크							
키							
캐							
케							
켸							
사							
샤							

서								
셔								
소								
쇼								
수								
슈								
스								
시								
새								
세								
섀								
셰								
자								
쟈								

저									
져									
조									
죠									
주									
쥬									
즈									
지									
재									
제									
쟤									
졔									
차									
챠									

처									
쳐									
초									
쵸									
추									
츄									
츠									
치									
채									
체									

가구				
기구				
코 키				
세수				
셔츠				
치즈				
후추				

휴지				

4과 자음 ② Consonant ②　　　　　📖 본문 56p

나									
냐									
너									
녀									
노									
뇨									
누									
뉴									
느									
니									
내									
네									
냬									
녜									

다								
댜								
더								
뎌								
도								
됴								
두								
듀								
드								
디								
대								
데								
타								
탸								

터									
텨									
토									
툐									
투									
튜									
트									
티									
태									
테									
톄									
라									
랴									
러									

려									
로									
료									
루									
류									
르									
리									
래									
레									
례									
마									
먀									
머									
며									

모									
묘									
무									
뮤									
므									
미									
매									
메									
몌									
바									
뱌									
버									
뼈									
보									

뵤										
부										
뷰										
브										
비										
배										
뻬										
파										
퍄										
퍼										
펴										
포										
표										
푸										

퓨								
프								
피								
패								
페								
폐								

나비				
노래				
두부				

토마토				
매미				
머리				
바다				
파티				
퓨마				

5과 모음 ③ Vowel ❸

본문 69p

과자				
샤워				
스웨터				
돼지				
귀				
회의				

까								
꺄								
꺼								
껴								
꼬								
꾜								
꾸								
뀨								
끄								
끼								
깨								
께								
따								
땨								

떠									
뗘									
또									
뚀									
뚜									
뜌									
뜨									
띠									
때									
떼									
빠									
뺘									
뻐									
뼈									

뽀									
뾰									
뿌									
쀼									
쁘									
삐									
빼									
뻬									
싸									
쌰									
써									
쎠									
쏘									
쑈									

쑤								
슈								
쓰								
씨								
쌔								
쎄								
짜								
쨔								
쩌								
쪄								
쪼								
쬬								
쭈								
쮸								

쯔							
찌							
째							
쩨							

고리				
꼬리				
데다				
떼다				

부리				
뿌리				
사다				
싸다				
자다				
차다				
짜다				

강							
낭							
당							
랑							
망							
방							
상							
옹							
종							
총							
콩							
통							
퐁							
홍							

깡								
땅								
빵								
쏭								
쫑								
걱								
넉								
덕								
럭								
먹								
벅								
석								
욱								
죽								

축									
쿡									
툭									
푹									
훅									
꺽									
떡									
뿍									
쑥									
쭉									
감									
남									
담									
람									

맘								
밤								
삼								
옴								
좀								
촘								
콤								
톰								
폼								
홈								
깜								
땀								
빰								
쏨								

쫌								
겁								
넙								
덥								
럽								
멉								
법								
섭								
읍								
줍								
춥								
쿱								
툽								
풉								

훕									
껍									
떱									
뽑									
숩									
쫍									
깊									
닢									
싶									
잎									
짚									
빵									

양궁			

수박				
부엌				
낚시				
컴퓨터				
솜사탕				
컵				
무릎				

8과 받침 ② Final Consonant ②

📖 본문 108p

간							
난							
단							
란							
만							
반							
산							
온							
존							
촌							
콘							
톤							
폰							
혼							

깐								
딴								
빤								
쏜								
쫀								
갇								
낟								
닫								
랏								
맛								
밧								
샀								
았								
잤								

멋									
벗									
찾									
돛									
꽃									
쫓									
뭍									
숱									
팥									
땅									
빵									
쌍									
쫑									
골									

놀								
돌								
롤								
몰								
볼								
솔								
얼								
절								
철								
컬								
털								
펄								
헐								
꿀								

뚤								
뿔								
쌀								
짤								

신문				
받침				
그릇				
햇볕				
낮							

꽃다발				
놓치다				
전기밥솥				
얼룩말				

9과 받침③ Final Consonantl ③

📖 본문 120p

읽다				
읽기				

닭						
앉다						
없다						
많다						
괜찮다						
짧다						
여덟						

핥다				
훑다				
끓다				
싫다				
닮다				
삶다				
없다				

가엾다				

한국어				
볶음밥				
읽어요				
앉아요				
끓어요				
괜찮아요